澳门特区与江门

合作、共享、发展

The Mechanism of Cooperation, Sharing and Development between Macao Special Administrative Region and Jiangmen

陈溥森 陈建新 吕开颜 肖健华◎主 编
李 响 陈慧丹 柯丽香 麦家宝◎副主编

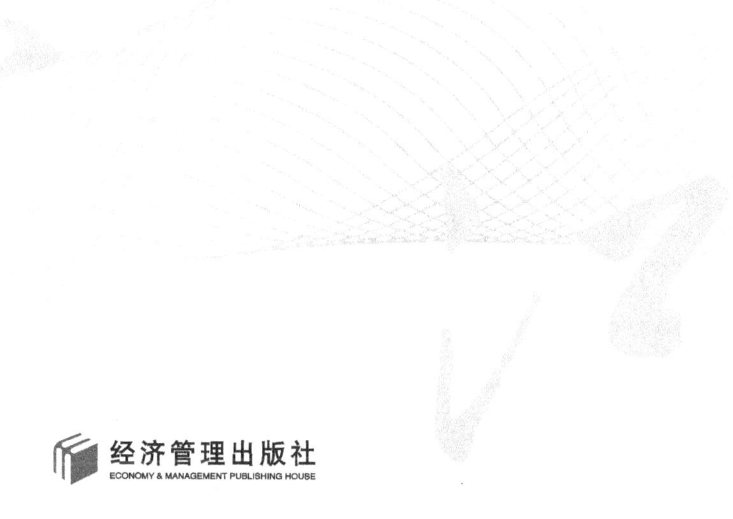

经济管理出版社
ECONOMY & MANAGEMENT PUBLISHING HOUSE

图书在版编目（CIP）数据

澳门特区与江门：合作、共享、发展／陈溥森等主编．—北京：经济管理出版社，2021.1
ISBN 978-7-5096-7720-9

Ⅰ．①澳…　Ⅱ．①陈…　Ⅲ．①区域经济合作—研究—澳门、江门　Ⅳ．①F127.65

中国版本图书馆 CIP 数据核字（2021）第 027166 号

组稿编辑：丁慧敏
责任编辑：丁慧敏　张广花
责任印制：黄章平
责任校对：张晓燕

出版发行：经济管理出版社
（北京市海淀区北蜂窝 8 号中雅大厦 A 座 11 层　100038）
网　　址：www. E-mp. com. cn
电　　话：(010) 51915602
印　　刷：北京虎彩文化传播有限公司
经　　销：新华书店
开　　本：720mm×1000mm/16
印　　张：10.5
字　　数：161 千字
版　　次：2021 年 1 月第 1 版　　2021 年 1 月第 1 次印刷
书　　号：ISBN 978-7-5096-7720-9
定　　价：59.00 元

目　录

经济篇

民生篇

“合作·共享”第四届粤港澳大湾区论坛暨经济民生发展学术研讨会

——甄瑞权*致辞

今天，由澳门江门同乡会主办，五邑大学经济管理学院、澳门大学政府与行政学系、澳门科技大学、澳门社会民生促进会、澳门江门青年会和澳门社会保障学会协办的“粤港澳大湾区论坛暨经济民生发展学术研讨会”正式开幕了。在各位的共同努力下，我们有幸邀请到了粤港澳大湾区内相关领域的专家学者、政府嘉宾与社会各界进行交流，就如何在国家“粤港澳大湾区”战略下融合共进，加强澳门特别行政区（以下简称澳门特区）和广东省两地合作以及互动机制建立等问题进行交流研讨。这次研讨会特别安排澳门特区中学生参与，期望通过这样安排可以让澳门特区青年人多了解国家和澳门特区的经济和民生发展。在此，我谨代表澳门江门同乡会向百忙中莅临大会的各位领导、专家学者们，以及朋友们，表示最热烈的欢迎和衷心的感谢！

澳门特区江门同乡会自2002年9月成立以来，经历了近18个年头。在此期间，一直秉承“爱国、爱澳、爱乡”的宗旨，团结全体的会员乡亲，依靠同根、同源、同梦的家乡之情凝聚力量，把亲情、乡情、家国情融入到各项会务之中，发扬了开拓进取的精神，在澳门特区政府、友好社团、广东省各级领导，特别是江门市政府的亲切关怀和帮助下，在创会会长萧德雄先生的鼎力支持和热心帮助下，经过不懈努力，各项会务发展迅速，现已成为澳门特区最具影响力的社团之一，成绩令人瞩目。本会成立之初，只有正副会长不足12人，会员人数600多人，发展到现今已拥有近100名副会长，6万多

* 甄瑞权，澳门江门同乡会常务会长。

名会员，会务发展与时俱进，在支持澳门特区政府依法施政、团结乡亲、造福桑梓、支援社会公益事业等各方面都发挥着积极的作用，取得了显著的成绩。本会成立以来，得到广大乡亲的信赖和支持，全体同人为会务发展付出了很大的心血和努力。在履行“敦睦乡谊，共谋福利”的思想指导下，默默做好各项工作，赢得乡亲的赞许和社会各界的认同。今后将一如既往，再接再厉，把同乡会办得更好，为澳门特区的繁荣与进步而努力。

江门市作为中国著名的侨乡，旅外侨胞约400万人，与澳门特区同为粤港澳大湾区的西部城市，相信未来江门市和澳门特区的联系将会更紧密；而澳门特区更是大湾区西部唯一的中心城市，特别在《粤港澳大湾区发展规划纲要》出台后，对澳门特区增加了“以中国文化为主流、多元文化共存的交流合作基地”的定位，这一新定位与浓厚和淳朴的澳门特区社团文化有关，相信澳门江门同乡会未来可以扮演更重要角色。期望可以借助本次研讨会打造一个澳粤两地深入合作交流的高水平互动平台。我们已经邀请了国内相关领域的著名专家学者就如何在“粤港澳大湾区”背景下加强澳粤合作及合作机制、澳门特区文化与广东文化及侨乡文化等问题进行交流研讨，并在经济和民生工作提出新视角，同时为澳门特区经济适度多元化发展提供宝贵的意见和建议。在此，真诚地希望各位领导、专家学者能够畅所欲言，发表高见，为两地社会经济、文化旅游的繁荣添砖加瓦。

最后，再次对莅临本次研讨会的各位领导、专家学者以及来自各界的嘉宾朋友表示衷心的感谢。预祝“‘合作·共享’第四届粤港澳大湾区论坛暨经济民生发展学术研讨会”取得圆满成功！

谢谢大家！

“合作·共享”第四届粤港澳大湾区论坛暨经济民生发展学术研讨会

——陈溥森*主旨发言

由澳门江门同乡会主办，五邑大学经济管理学院、澳门大学政府与行政学系、澳门科技大学、澳门社会民生促进会、澳门江门青年会、澳门戒烟保健学会和澳门社会保障学会协办的“粤港澳大湾区论坛暨经济民生发展学术研讨会”正式开幕了。在此，我谨代表会议的主办方向莅临会议的各位领导、各界嘉宾、各位朋友表示衷心的感谢！

今天，在这个高朋满座、学者云集的大会场，大家共聚一堂，共同就历史上澳门特区在中国与世界交流中的独特作用、在“粤港澳大湾区”背景下的澳门特区与广东省合作作用机制、合作模式、合作平台以及合作前景等问题发表真知灼见。这既是澳门特区经济和文化事业发展中的一件大事，也是澳门特区江门同乡会与湾区内的大学、社团等学术机构进一步开展学术交流的一件盛事。

本次学术研讨会之所以选择上述主题，出发点考虑如下：

第一，澳门特区在中国与世界交流中具有独特的历史作用。澳门特区城市面积不大，但是文化的包容性很大，可以说是一个浓缩的世界。早在五千多年前，中国澳门地区就有了居民，后来来自广东省、福建省等地的居民陆续迁入。16世纪中期开始，外国移民迁入中国澳门地区，移民多元化的构成逐步形成了中国澳门地区文化多元化的属性。多元荟萃、融合共存是澳门特区文化的特点。澳门特区拥有中国历史上的诸多个第一：中国第一所西式医

---

* 陈溥森，澳门江门同乡会常务副会长、筹备委员会主席。

院、中国第一所西式大学、中国第一间西式印刷厂、中国第一份外文报纸等。

16~18世纪，中国澳门是中西互视的视窗。中国澳门在明清政府的对外政策中起着特殊作用，即有限开放与闭关趋向双向政策的交汇点。天主教传教士及其带来的西方科技、文化通过中国澳门地区进入中国，中国文化向西方传播基本上也是通过中国澳门，中国澳门是中西文化交流的中转站，同时，中西经济贸易关系的建立以及开展，中国澳门都发挥了独特的优势和重要的作用。

第二，“爱国爱澳”背景下的澳门特区与江门市的合作发展。清乾隆年间出版的《澳门纪略》记载，中国澳门有省渡、石岐渡、新会江门渡等水路交通。这说明澳门特区与江门市历史上就有密切的联系。目前在澳门特区登记的大小社团近7000个，澳门江门同乡会成为澳门特区最大的社团。澳门江门同乡会从2002年9月成立以来，经历了快18年。在此期间，一直秉承“爱国、爱澳、爱乡”的宗旨，团结全体的会员乡亲，依靠乡谊的凝聚力量，发扬了开拓进取的精神，在澳门特区政府、友好社团、广东省各级政府，特别是江门五邑各级领导的关怀和扶助下，在创会会长萧德雄先生的鼎力支持和热心帮助下，经过不懈努力，会务迅速发展，现已成为澳门特区最具影响力的社团之一，成绩令人瞩目。

作为澳门特区最大的社团，澳门江门同乡会是澳门特区五邑籍社团的杰出代表，也是澳门特区众多社团的缩影，它在特区政府与澳门特区人民之间架起了沟通的桥梁，为政府排忧，为会员解难。澳门特区回归祖国以来，众多社会团体主动转换“角色”，以主人翁的姿态参政议政，成为澳门特区的牢固社会基础。澳门特区作为重要的国际商贸旅游中心，在粤港澳大湾区中的角色定位和推进粤港澳大湾区的合作显得尤为重要。在粤港澳大湾区的大背景下，澳门江门同乡会有责任和义务促进粤澳合作进一步发展，把珠三角地区和澳门特区的产业优势、市场优势和人才优势发挥出来，配合国家“海上丝绸之路”，挖掘历史资源，令澳粤两地的合作拓展呈现更加广阔美好的前景。

第三，澳门特区与广东省在合作发展共享经济。随着《粤港合作框架协议》《粤澳合作框架协定》的签署和实施，特别是《粤港澳大湾区总体发展规划》的出台，澳门特区与广东省的合作发展将取得重大突破，澳门特区与广东省的合作层次已经从区域战略层面上升为国家战略高度。这为两地的合作与发展提供了更高层次的制度保障以及更加丰富的政策支持，同时也为两地合作指明了方向。作为“粤港澳大湾区”的重要组成部分，澳门特区与广东省（特别是西部湾区城市）区域合作将在完善合作机制、创新合作模式、构建合作平台等方面先行先试，为推动粤港澳的更融洽合作探索新路径。

随着珠三角发展重心从核心区向大湾区拓展，深圳前海、珠海横琴、广州南沙和中山翠亨新区以及江门大广海湾等经济开发新区的不断发展，结合黄茅海大桥规划建设，澳门特区各界可通过参与上述新区的建设产业合作平台，为珠三角核心区的产业拓展提供更好的发展条件，从而加强澳门特区与广东省的合作深度。趁此契机，澳门特区应以科技创新、现代服务业经济、国际旅游休闲中心进行定位，澳粤两地可以在产业转型、市场拓展、城市管理、文化旅游、教育科技、健康休闲养老等机制体制创新方面，进行合作模式、合作平台探索，在探索过程中，不断完善、调整合作机制，实现合作共赢，共享经济成果。

第四，澳门特区与广东省文化互通互融。澳门特区作为“国际旅游休闲中心城市”，处于珠三角的西侧，处于岭南文化的核心区域，有着深厚的岭南文化基础。由于历史上长时期的通商，澳门特区在与对外的融合中，经济得到了快速发展。近年来，澳门特区已经成为亚洲经济发展最迅速的地区之一。无论是广府文化、潮汕文化、客家文化，还是江门五邑华侨文化和中国港澳文化等，都是南粤文化的重要组成部分，与中国文化同根同源。由于历史的原因，澳门特区还有着深厚传统内涵的中国文化和以葡萄牙文化为特质的西方文化共存的融合文化。澳门特区与广东省地缘相近，血缘相连，在澳门特区的六十多万人口中，祖籍广东省的占大多数。两地在文化领域有着相似性以及相近的文化气息。这为澳粤合作提供了人文基础，使澳粤两地在经济上可以优势互补，文化上可以深入交流。

第五，打造实体学者交流平台。为了强化本活动的效益，这次会议邀请了澳门大学、澳门科技大学和澳门理工学院的学者参与，同时也邀请了本地相关学术社团，如澳门社保障学会和澳门戒烟保健会。除了澳门特区外，还邀请了五邑大学、深圳大学等高校，其中受邀学者也是来自江门市、深圳市、广州市和香港特别行政区四地的湾区城市。为建立粤港澳大湾区的学者共同体，所以本会议加入了闭门会议，希望可以强化与会学者间深入交流及联系，并为粤港澳湾区协调及融合研究做准备；同时，本次会议文集将在经济管理出版社出版，希望可以提升本次会议的学术水平。

今天，我们有幸到邀请各位领导、专家、嘉宾朋友们共聚于此，共同就如何在国家“粤港澳大湾区”背景下加强粤港澳大湾区城市合作、共享发展等问题进行交流研讨。希望通过本次研讨会，我们能够进一步达成共识，为澳门特区与广东省的经济文化发展助跑，加强两地经济文化建设交流合作。在此，真诚地希望各位领导、专家学者们不吝赐教，多提宝贵的意见和建议，为大湾区内各城市的社会经济的繁荣合作发表高见。

这次研讨会是在由澳门江门同乡会联合五邑大学和两岸与澳台关系学会四年前共同成功举办的“澳门：中国与世界之间”学术研讨会的基础上，又一次深入探讨澳门特区与广东省合作共赢的有益尝试，本次研讨会已经收到来自各大学、各学界提交的论文 14 篇，内容涵盖经济、文化、旅游、养老、民俗等多个领域，其他征集的论文将在会后结集出版，今后我们将在更大范围、更高层次上继续举办类似的研讨活动。最后，再次对莅临本次研讨会的各位领导、专家学者以及来自各界的嘉宾朋友们，表示衷心的感谢。预祝“‘合作·共享’粤港澳大湾区论坛暨经济民生发展学术研讨会”取得圆满成功！

谢谢大家！

“合作·共享”第四届粤港澳大湾区论坛暨经济民生发展学术研讨会

——夏俊英*致谢

首先，本人十分荣幸能代表大会作致谢词，在此本人再次感谢各位嘉宾、同学及专家、学者等，远道而来出席今天由澳门特区江门同乡会主办的“‘合作·共享’第四届粤港澳大湾区论坛 暨经济民生发展学术研讨会”。

此次论坛能够顺利进行，并邀请来自各专业领域的专家、学者、教授，一起探讨粤港澳大湾区的经济、民生发展及合作，特别是对澳门特区如何融入大湾区发展等方面进行深入探讨，离不开有关院校和部门的支持和帮助。在此感谢澳门大学为本次论坛提供了良好的场地，及派出优秀的专家学者作为主讲嘉宾，为本次论坛提供高质量的论文与建言献策；非常感谢江门市五邑大学，一直以来全力支持论坛的工作，并派出大量优秀的学者、教授、同学、工作人员参与论坛的论文工作，也得到该校领导对论坛的高度赞同；感谢澳门科技大学、澳门理工学院的支持，充分拓展了这次论坛的广度及深度，期待明年有更多粤港澳大湾区及国内外的高校能一起参加论坛；感谢澳门江门同乡会、澳门社会民生促进会、澳门江门青年会及澳门社会保障学会会内的理监事、秘书等人员，半年多的时间积极参与筹备论坛及其之后论文汇集成书等工作。

青年强、国家强。祖国、粤港澳大湾区乃至澳门特区的持续发展，离不开青年的热心关注及充分投入。所以，此次论坛能使青年、学生前来聆听并参与研讨，感谢澳门特别行政区教育暨青年局的支持、澳门基金会的赞助，使

---

* 夏俊英，澳门江门青年会理事长。

广大青年对祖国及粤港澳大湾区的发展进一步加深了认识。

最后，希望由澳门江门同乡会主办的粤港澳大湾区论坛日后能继续办得更好，有更多的高校、团体、专家学者参与，向粤港澳大湾区的各个政府提出具有建设性、接地气的良好建议，促进澳门特区经济持续发展、居民安居乐业、社会和谐稳定。

举办大型学术研讨会是一项细致的工作，由于我们经验不足、人员不够，在会议上和生活上存有不周之处在所难免，希望大家批评指正和包涵。最后祝各位工作顺利，身体健康！

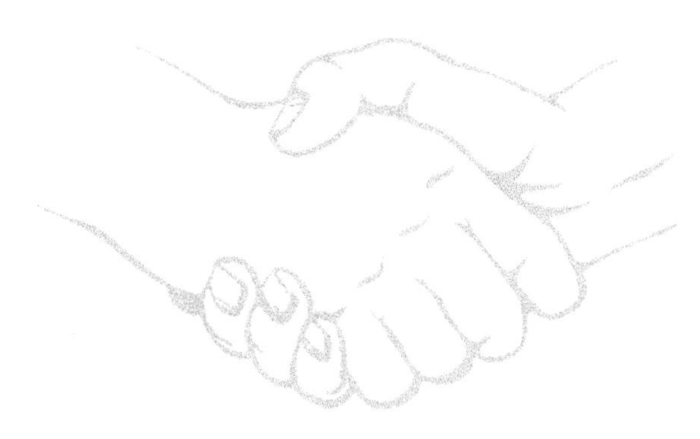

经济篇

粤港澳大湾区旅游一体化及江门市与澳门特区的合作

肖健华　王俊杰*

摘　要：在国家大力推进粤港澳大湾区建设的背景下，旅游业是湾区各城市合作的重要领域之一。本文介绍了各城市的旅游资源及相互之间的依赖程度，并在对粤港澳旅游一体化分析的基础上，基于江门视角阐述了江门市与澳门特区合作的前景及发展对策。

关键词：粤港澳大湾区；旅游；一体化

一、引言

粤港澳大湾区（以下简称大湾区）包括中国香港和澳门两个特别行政区和广东省广州、深圳、珠海、佛山、惠州、东莞、中山、江门、肇庆等城市，即香港特别行政区（以下简称香港特区）、澳门特别行政区（以下简称澳门特区）及珠三角地区九市。大湾区是目前中国市场经济最为发达、国际开放度最高、经济最有活力的地区，总面积达5.6万平方千米，2018年末总人口约为7000万人，经济总量（GDP）折合美元超过1.64万亿，已经超过了同期韩国的GDP总量，在全球的国家排名中，排到第11位。

2015年以来，党中央和国务院开始积极谋划、部署和推动粤港澳大湾区的发展。2017年10月大湾区建设被写入了党的十九大报告，2019年2月18

---

* 肖健华，五邑大学经济管理学院教授，主要研究领域为智能信息处理、海洋经济与管理；王俊杰，五邑大学经济管理学院硕士研究生，主要研究方向为海洋经济的定量分析。

日出台的《粤港澳大湾区发展规划纲要》（以下简称《规划纲要》）沿着两条主线赋予大湾区新的战略任务，一是推动全面对外开放新格局，二是推进"一国两制"事业发展。《规划纲要》内容非常丰富，涉及经济、文化、生态、区域协调、对外开放、金融、创新科技、宜居宜业宜游、青年教育等众多方面。然而，粤港澳大湾区的核心就是如何把这些城市的各种优势资源整合起来，并以此作为推动区域经济增长和居民生活水平提升的动力。

《规划纲要》坚持以人民为中心，积极拓展粤港澳大湾区在教育、文化、旅游、社会保障等领域的合作，共同打造公共服务优质、宜居宜业宜游的优质生活圈。由此可见，旅游业是粤港澳大湾区建设的重要的先发先行产业，大湾区内部的旅游协同发展是大湾区建设的重要内容。

二、旅游业是大湾区互联合作的重要阵地

随着社会、经济的发展，各地的旅游业都在迅速发展中。以广东省为例，改革开放以来，广东旅游业发展十分迅速。

如表1所示，根据《广东统计年鉴》，2017年共接待游客44385.26万人次，比2000年增加了4.8倍，相当于年均增长10.9%。2017年，旅游收入达到11994.79亿元，比2000年增加了9.4倍，相当于年均增长14.8%。

广东省旅游收入的增长超过了同期全国和广东省的GDP的增长速度。就全国而言，2000年GDP为100280亿元，2017年GDP为820754亿元，累计增长了7.2倍，相当于年均增长13.2%。就广东省而言，2000年GDP为10741亿元，2017年GDP为89705亿元，累计增长了7.4倍，相当于年均增长13.3%。

表1　广东省旅游主要数据

指　　标	2000年	2010年	2013年	2014年	2015年	2016年	2017年
接待过夜旅游者人数（万人次）	7662.95	21283.05	30151.01	32761.25	36225.18	39718.47	44385.26
入境旅游者（万人次）	1198.94	3141.09	3397.88	3355.45	3445.36	3518.38	3645.50

续表

指　　标	2000年	2010年	2013年	2014年	2015年	2016年	2017年
外国人（万人次）	212.85	732.25	760.49	775.19	781.83	824.93	861.54
中国港澳同胞（万人次）	813.84	2091.07	2352.15	2301.17	2382.48	2418.00	2501.83
占比（%）	67.9	66.6	69.2	68.6	69.2	68.7	68.6
中国台湾同胞（万人次）	172.25	316.74	285.24	279.09	281.05	275.45	282.13
国内旅游者（万人次）	6464.01	18141.96	26753.13	29405.80	32779.82	36200.09	40739.76
旅游收入（亿元）	1149.95	3809.44	6716.69	7850.56	9080.76	10433.81	11994.79
旅游外汇收入（亿元）	340.08	844.85	1008.05	1049.31	1104.16	1233.51	1327.65
国内旅游收入（亿元）	809.87	2964.59	5708.64	6801.25	7976.60	9200.30	10667.14

在入境游客数量方面，2017年入境旅游者数量为3645.50万人次，比2000年增加约2倍，相当于年均增长6.8%。2017年，旅游外汇收入1327.65亿元，比2000年增长约2.9倍，相当于年均增长8.3%。由此可见，入境旅游收入的增长速度远低于旅游总收入的增长速度，这也和我国近期经济高速增长相吻合。

由表1也可以看出，在入境旅游者中，中国港澳游客占比一直很高，超过了总人数的2/3。

表2为香港特区统计年鉴中的访港旅客相关数据，由表2可见，2013~2017年来自内地和澳门特区的游客数量都接近80%。

表2　香港特区旅游游客数据

指　　标	2007年	2012年	2013年	2014年	2015年	2016年	2017年
访港旅客数量（万人次）	2816.9	4861.5	5429.9	6083.9	5930.8	5665.5	5847.2
中国内地（万人次）	1548.6	3491.1	4074.5	4724.8	4584.2	4277.8	4444.5
澳门特区/未能辨别（万人次）	62.6	88.3	95.8	100.2	102.1	99.5	100.1

续表

指　　标	2007年	2012年	2013年	2014年	2015年	2016年	2017年
中国内地+澳门特区占比（%）	57.2	73.6	76.8	79.3	79.0	77.3	77.7
中国台湾同胞（万人次）	223.9	208.9	210.0	203.2	201.6	201.1	201.1

如表3所示，最近几年澳门特区的入境游客中，来自中国内地和香港特区的游客超过85%，其中，来自内地的游客数量不仅占比大，而且在持续的增长中。

表3　澳门特区旅游入境游客数据

指　　标	2008年	2013年	2016年	2017年	2018年
入境旅客总数（万人次）	2293.32	2932.48	3095.03	3261.05	3580.37
中国内地（万人次）	1161.32	1863.22	2045.41	2219.62	2526.06
香港特区（万人次）	701.65	676.60	641.98	616.51	632.79
中国内地+香港特区占比（%）	81.2	86.6	86.8	87.0	88.2
中国台湾（万人次）	131.59	100.12	107.45	106.01	106.10

从上面的分析可以得到两方面的结论：一是旅游产业的发展高于整体经济的发展；二是旅游相互依赖性很高。

从另外一个角度考虑，旅游市场的扩大和旅游经济的发展，也必然导致旅游行业的竞争程度日益加剧。区域旅游的合作是促进旅游发展、提高区域产业竞争力的一种有效选择。究其原因，经济全球化和区域一体化使每一个旅游地，特别是邻近区域的旅游地，不再是一个孤立的单元，而是各种共存和共生的关系。

由此可见，实现粤港澳大湾区旅游一体化，对于促进区域旅游的发展，乃至促进粤港澳经济的一体化具有重要的意义。

三、粤港澳大湾区旅游资源的互补性分析

作为全球四大湾区之一，粤港澳大湾区不仅经济实力强劲，旅游资源也非常丰富。粤港澳大湾区在自然和文化的内在差异性，造就了丰富多样、互补性强的旅游资源和旅游产品，为区域旅游市场的合作提供了基础。

事实上，通过多年的旅游合作，粤港澳三地依据各自不同的旅游资源，也形成了各自的旅游定位：香港特区以发展商务、购物为主；澳门特区依托博彩业；广东省以历史文化旅游、休闲旅游为主。三地各有侧重，又互相补充。

作为"东方好莱坞""亚洲四小龙"之一的亚洲繁华大都市，香港特区旅游资源也非常丰富，如旺角、庙街、铜锣湾、油麻地、皇后大道、维多利亚港、香港迪士尼乐园等。

澳门特区是世界人口最密集的地区之一，其景点可以概括为历史景观（澳门历史城区）、现代建筑（澳门旅游塔等）、娱乐场所（葡京赌场等）、人文场所（孙中山市政纪念公园等）、教堂（望厦圣方济各小堂、路环圣方济各圣堂等）、生态公园（离岛、松山等）。其中，澳门历史城区是中国第 31 处世界文化遗产；大三巴牌坊即圣保罗教堂的遗迹，是西方文明进入中国历史的见证，也是最具代表性的"澳门八景"之一。

江门市是"中国第一侨乡"，2000 年入选"中国优秀旅游城市"，旅游资源涵盖碉楼、海岛、温泉、生态、侨乡文化等，重点景区包括世界文化遗产"开平碉楼与村落"、素有"东方夏威夷"之称的川山群岛、文化底蕴深厚的"宋元崖门海战文化旅游区"等。

广州市地处中国南方，位于广东省中南部，珠江三角洲北缘，距江门市区约 92 千米。广州市旅游资源丰富，既有优美的自然旅游资源和现代都市旅游资源，也有底蕴深厚的人文旅游资源，其中以羊城新八景、长隆欢乐世界、香江野生动物园、中山纪念堂、黄埔军校、南越王博物馆、广州艺术博物院、广州花卉博览园、花都香草世界、王子山森林公园、华南植物园、从化温泉、宝墨园、广东美术馆、广州塔等景点最负盛名。

深圳市是中国最年轻的现代化大都市，也是中国优秀旅游城市、国际花

园城市。目前，深圳市已形成一个具有地方特色、自然特色、文化特色的旅游景点体系，主要景点（景区）有深圳世界之窗、东部华侨城旅游度假区、深圳欢乐谷、观澜湖高尔夫球会、小梅沙海洋世界、南澳西冲沙滩等50多处。

珠海市有“新型花园城市”“幸福之城”“浪漫之城”“全国旅游胜地四十佳城市”等美誉，珠海市拥有100多个小岛，素称“百岛之市”，其旅游资源丰富，如圆明新园、农科奇观、东澳岛、荷包岛、外伶仃岛等。

佛山市是国家历史文化名城，是中国天下四聚（商业中心城市）和四大名镇之一，是粤剧的发源地，岭南文化发源地之一，也是岭南文化、广府文化的兴盛之地。佛山生态环境优美，旅游资源丰富，佛山新八景有“西樵叠翠”（南海西樵山）、“祖庙圣域”（佛山祖庙）、“清晖毓秀”（顺德清晖园）、“古灶薪传”（禅城南风古灶）、“花海奇观”（顺德花卉世界）、“云水荷香”（三水荷花世界）、“皂幕凌云”（高明皂幕山）、“南国桃源”（南海南国桃园）。

其他几个城市，即惠州、东莞、中山、肇庆，各有各的历史、文化、自然等旅游资源，知名景点如肇庆星湖和鼎湖山、中山的西山寺和孙中山故居、东莞的林则徐销烟池和袁崇焕故居、惠州的罗浮山风景名胜区和西湖景区。

以上介绍也说明了城市间较好的互补性，香港特区的旅游资源以世界级的都市和港城风光、多国文化精粹的交融，以及优良的购物和美食为主要特征；澳门特区则突出博彩旅游和中西合璧的文化氛围；珠三角地区的旅游资源种类较为齐全，滨海景观、名山温泉、人造景观，特别是具有历史文化背景。旅游资源的互补性为三地旅游资源的开发提供了广阔的合作空间。

四、粤港澳大湾区旅游合作领域

香港特区、澳门特区与珠三角九市文化同源、人缘相亲、民俗相近、优势互补。特别是近年来，粤港澳合作不断深化，这也为旅游一体化奠定了良好的基础。

从整体来看，粤港澳区域旅游合作的形式和内容包括了以下几个主要方面：

（一）整合开发旅游资源

粤港澳大湾区旅游一体化的核心就是如何将这些城市的优质旅游资源进行有效的整合，共同开发粤港澳大湾区“一程多站”旅游线路。如前文所述，粤港澳大湾区所涉及的城市都具有良好的旅游资源，利用什么理念来整合这些优质资源成为研究重点。如以历史文化为主题，整合江门市的崖门古战场、澳门特区的历史城区、珠海市的沙湾古遗址。如果以滨海旅游为主题，能整合的资源就更多了。

（二）共建共享信息平台

粤港澳大湾区要实现旅游一体化，就必须建立承载力强的旅游资源信息共享平台。该平台应是集旅游信息、客户服务、商家服务为一体的综合服务平台，包含双方旅游新闻发布、综合旅游景点查询、旅游线路查询、旅游企业、旅游搜索引擎、旅游信息综合查询、旅游论坛、酒店、机票、旅游线路预订等系统。

在信息共享平台基础上，双方应采取“互联网 + 跨境旅游”合作方式，即利用移动无限通信技术和互联网终端，收集旅游者各类反馈有效信息并实时将数据传输至信息共享平台，依据数据结果及时对旅游产品做出调整。电子商务的应用也是信息平台的重要应用领域。

（三）加强人才与技术合作

粤港澳大湾区的旅游人才分布较不平衡，大湾区内部一些经济相对落后的地区普遍存在人才缺乏的现象。

各地要在旅游人才引进与培训方面加强合作，各方组织旅游从业人员交流学习，大湾区内的各地高校相关专业通过交换生、师生互访等项目，有效对接高校旅游专业，共建旅游人才培养基地。

（四）共建资金保障机制

粤港澳大湾区经济发展也存在较大的不平衡性，以江门市为代表的部分城市旅游景点的建设需要较大资金的投入。大湾区可以采取政府辅助、社会资助及个人投资等形式，设立旅游合作共同基金，用于大湾区内部的旅游建设。

（五）打造无缝对接的旅游交通

加强区域空、铁、公、艇的联动和立体换乘，实现区域内城市不同交通形式的无缝对接，提高城市间旅游通达能力，有机串联起各地的重要旅游景点。

（六）协作塑造区域旅游形象

为打造粤港澳旅游一体化，各城市有必要相互协作，以塑造个性鲜明、各具特色又和谐统一的旅游形象。具体措施包括互相宣传介绍对方的良好形象、互相交流旅游信息和旅游宣传资料、联合举办各种对外旅游推介活动。

（七）共同制定行业规范和规章制度

依据国家相关法律法规，借鉴国内外先进经验，制定覆盖粤港澳大湾区旅游行业各个细节的行业规范和规章制度。如确定统一的服务收费项目和标准，建立统一的联动开发协调机制、综合执法监督机制、旅游投诉统一受理机制、旅游突发事件应急管理机制、旅游安全事故责任追究机制、区域间旅游人才流动机制、利益分配及补偿机制，制定大湾区旅游行业服务规范等。通过不重不漏的一体化政策体系，规范旅游市场秩序，维护旅游者和旅游经营者的合法权益，营造大湾区旅游开发有序、健康发展的良好环境。

在“一国两制”下，粤港澳地区社会制度不同，法律制度不同，且分属于不同关税区域，这一方面的实现有待于体制机制的创新。

五、江门市视角下江门市与澳门特区旅游合作的迫切需求

江门市具有丰富的旅游资源。以滨海旅游资源为例，笔者从现实竞争力和潜在竞争力两个角度出发，构建了江门市滨海旅游竞争力评价一指标体系的基本框架，如图 1 所示。

模型中，现实旅游竞争力是滨海旅游产业的一种外部表现，它包括旅游规模竞争力和旅游发展速度竞争力两个方面，是评价滨海旅游产业现有竞争力的重要指标。旅游潜在竞争力是对滨海旅游发展前景和后续能力的一种综合测量，其主要测量指标包括经济环境竞争力和自然环境竞争力。

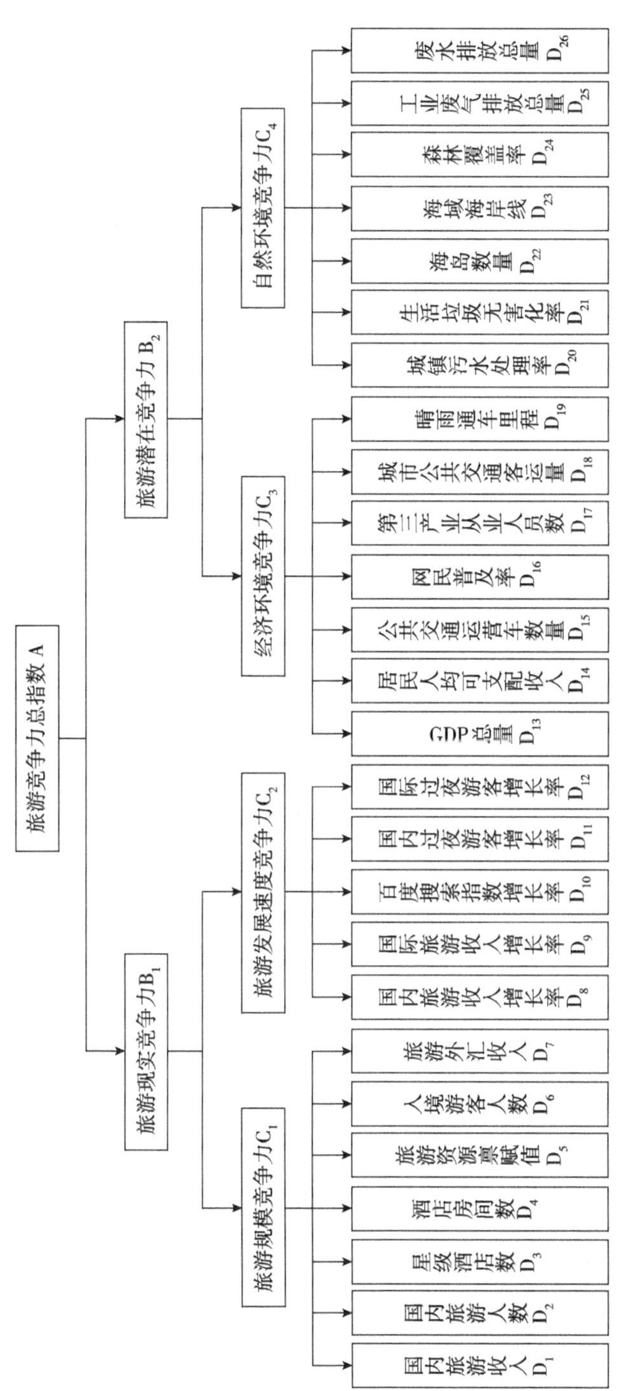

图1 滨海旅游竞争力评价体系

在上述指标体系下，综合应用层次分析法（Analytic Hierarchy Process，AHP）和因子分析法（Factor Analysis，FA），最终可获得各城市的滨海旅游竞争力得分，江门市在 14 个沿海地市中排第 5 名，具体得分和排名如表 4 所示。

表 4　广东省滨海旅游综合竞争力排名（部分）

排名	城市	现实竞争力 B_1 得分	潜在竞争力 B_2 得分	综合得分 A
1	深圳	1.472	0.753	1.235
2	广州	1.452	0.209	1.042
5	江门	-0.054	0.041	-0.023
13	潮州	-0.529	-0.309	-0.456
14	茂名	-0.654	-0.567	-0.625

由表 4 可知，江门市滨海旅游竞争力在广东省 14 个滨海城市排第 5 名，旅游综合竞争力相对比较靠前，但其城市知名度远远小于广州市、深圳市、珠海市，旅游目的地形象也不及周边的中山、阳江等市。

2019 年，江门市的旅游取得了一定的发展，但与兄弟城市相比，发展仍不够快。

以滨海旅游为例对上述观点进行阐述。进入 21 世纪，随着物质生活水平的不断提高，滨海休闲度假旅游作为一个新的旅游产品备受各方青睐，最近几年发展非常迅猛，如表 5 所示。

表 5　江门市和广东省滨海旅游增加值数据分析

区域	指标	2011 年	2012 年	2013 年	2014 年	2015 年	2016 年	累计增长
江门市	增加值（亿元）	96.37	113.40	136.86	157.01	152.83	186.56	—
	增长速度（%）	—	17.67	20.69	14.72	-2.66	22.07	93.59
广东省	增加值（亿元）	1220	1328	1496	1731	2414	2728	—
	增长速度（%）	—	8.85	12.65	15.71	39.46	13.01	123.61

表5表明，无论是江门市还是广东省，滨海旅游业都保持较快的发展速度，江门市五年累计增长93.59%，相当于年均增长14.1%；广东省五年累计增长123.61%，相当于年均增长17.5%，两者存在较大的差距。

针对具体的景点，江门市旅游发展不尽如人意。以川山群岛为例，川山群岛自然旅游资源和人文旅游资源都非常丰富，集中了优质海滨沙滩、绮丽海洋风情、奇特山石景观、丰富风景植被、悠久历史古迹、浓郁岭南民俗、神秘藏宝传说等8个大类75种基本类型旅游资源。

同时，川山群岛背倚珠三角，东临港澳、西连粤西海域、南临南海国际航道、北面台山内陆，良好的区域优势使川山群岛位于囊括12个大中型城市的两小时经济生活圈，为川山群岛的旅游开发提供了数量巨大且具有较强消费能力和消费欲望的客户群体。然而，最近几年川山群岛的旅游开发不尽如人意，游客数量一直在每年100万人次左右，旅游收入也一直在6亿元人民币左右，旅游产品销售更是微乎其微，如表6所示。表中的CPI数据（居民消费价格指数）来源于国家统计局网站（http://data.stats.gov.cn/easyquery.htm?cn=C01），其他数据来源于川岛镇人民政府网（http://chuandao.cnts.gov.cn/List.Aspx?ClassID=54），相关材料为各年度镇政府所作的《政府工作总结》。

表6 川岛镇旅游数据统计

年份	上岛游客		旅游收入		人均消费			旅游产品销售	
	数量（万人次）	增长率（%）	数量（亿元）	增长率（%）	数量（元）	增长率（%）	CPI	数量（亿元）	增长率（%）
2012	94.7	—	5.40	—	570	—	102.6	0.050	—
2013	100.0	5.58	5.70	5.56	570	0	102.6	0.053	5.57
2014	120.0	20.00	7.20	26.32	600	5.26	102.0	0.065	23.16
2015	116.6	-2.83	6.76	-6.11	580	-3.33	101.4	0.062	-4.47
2016	106.5	-8.66	6.39	-5.47	600	3.45	102.0	0.058	-7.07
2017	116.5	9.39	6.99	9.39	600	0	101.6	—	—

从表6可以看出，2012~2017年，游客人数只累计增加23.02%，相当于年均增加4.23%；旅游收入只累计增长29.44%，相当于年均增长5.30%；人均消费基本不变，如果考虑CPI数据，相当于人均消费基本在下降；旅游产品的销售量很少。

与上下川岛相近的海陵岛，2017年接待的游客数量超过900万。超过了著名的普陀山风景区和三亚市蜈支洲岛，仅次于厦门鼓浪屿风景区。

近年来，江门旅游发展整体比较落后，究其原因，主要是体现在以下几个方面。下面结合川山群岛两大景区（上川岛飞沙滩景区和下川岛王府洲景区）予以说明。

一是大资金的匮乏。由于大资金的匮乏，导致景区设备老化、落后，大部分娱乐设备停留在20世纪的水平；缺乏高星级的酒店，至今没有在运营中的五星级酒店。

二是管理方法的落后。由于从业人员工作时间短（每年的旺季时间，大约6个月）待遇差（普通服务人员2000元，中高层管理人员略高于5000元），最终导致在岛上的旅游从业人员学历低、年龄大，整体素质偏低。

三是旅游人才，特别是高层次旅游人才的稀缺。前两年，《江门日报》曾调查，发现存在如下问题：导游人员数量不足，高端导游人才相对缺乏。如开平立园是国家AAAA级旅游区、全国重点文物保护单位，是旅美华侨谢维立先生历时10年建造的别墅花园，于1936年建成。然而，该公司仅有8名导游，且全部为初级导游，这还是旅游队伍中相对较好的。

四是国际化问题。尽管江门市是全国最大的侨乡，也是原国家旅游局批准的广东省唯一的“中国国际特色旅游目的地”，然而，在江门市的游客中，境外游客较少，如表7所示。

表7　江门市旅游人数

类别＼年份	2000	2005	2012	2013	2014	2015	2016	2017
总人数（万人次）	502.00	575.25	1284.7	1410.0	1601.8	1738.3	2000.6	2258.9
外国人数（万人次）	3.00	4.60	38.19	28.86	40.51	41.94	50.59	52.11

江门市与澳门特区，门相通，心相连。江门市发展旅游面临的劣势，正是澳门特区的优势所在。江门市与澳门特区通过在以下几个方面合作的不断深化，有望破解江门市旅游发展的难题。

首先，增加澳门特区对江门市重点景区的投资。当前，景区的建设没有大资金的投入，仅依靠小额的投入肯定是行不通的。而当前澳门特区政府具有大力的资金积累，同时，双方的合作也会给澳门特区的投资方带来效益回报。同时，如果结合澳门特区方面养老的需求，将养老与旅游结合，将同时具有很好的社会效益。

其次，加强双方在人才培养方面的合作，并充分借鉴澳门特区的管理经验。近期，江门职院技术学院与澳门旅游学院的合作，这是一种非常有益的尝试。

最后，加强双方在国际化方面的合作，共享国际游客资源。

参考文献

[1] 易宪容. 粤港澳大湾区优势资源如何整合？ [N]. 金融投资报，2019-03-02 (12).

[2] 祁黄雄，曹胜利. 江澳两地旅游合作发展探究 [J]. 五邑大学学报（社会科学版），2019，21 (2)：59-63.

[3] 秦学. 特殊区域旅游合作与发展的经验与启示 [J]. 经济地理，2010，30 (3)：798-703.

[4] 彭芳梅.《粤港澳大湾区发展规划纲要》解读与启示 [J]. 特区实践与理论，2019 (2)：78-82.

[5] 郭淳凡，陈海权. 粤港澳区域旅游合作的作用机制与对策分析 [J]. 江苏商论，2005 (2)：68-70.

[6] 陈俊鸿. 粤港澳旅游业发展的现状和合作前景分析 [J]. 热带地理，1997，17 (2)：196-202.

[7] 方万秋，唐左，甘巧林，冯淑玲. 珠海与粤港澳区域旅游合作的对策研究 [J]. 经济问题探索，2008 (6)：109-116.

粤港澳大湾区建设中的江门大广海湾经济区高质量发展

刘成昆*

摘　要：本文在新型区域经济发展战略的背景下，结合城市竞争力的数据，从综合经济竞争力、宜居宜商竞争力、可持续竞争力对比分析了澳门特区与江门市，相应探讨了粤港澳大湾区建设过程中作为中心城市的澳门特区与作为节点城市的江门市的合作点，并进一步分析如何推动大广海湾经济区的高质量发展。

关键词：粤港澳大湾区；大广海湾；高质量

一、引言

粤港澳大湾区或江门大广海湾经济区，都是区域经济发展战略的实践，只不过是大、社区域的差异。《广东江门大广海湾经济区发展总体规划》于2014年1月即已发布，比2019年2月公布的《粤港澳大湾区发展规划纲要》还早。随着粤港澳大湾区建设大幕的徐徐展开，位于粤港澳大湾区重要节点的江门大广海湾经济区，迎来了新的战略机遇期。如何尽快融入粤港澳大湾区，与湾区城市共同打造世界级城市群，是大广海湾经济区发展的必然选择。本文将基于区域经济发展战略的宏观背景，依据中国社会科学院城市与区域竞争力研究中心的最新数据分析江门市的城市竞争力，并探讨大广海湾经济区的优势及在粤港澳大湾区建设中面临的新机遇，提出促进大广海湾经济区

* 刘成昆，澳门科技大学可持续发展研究所所长、商学院教授。

高质量发展的建议。

二、新型区域经济发展战略

世界经济在两个方向上齐头并进，即“全球化”和“区域化”。全球化是以世界贸易组织（WTO）为代表的全球范围内的自由贸易。区域化表现为两类：一是指国际性的区域化，例如欧盟等空间上相邻的国家之间的区域合作，随着英国“脱欧”，这种国际区域合作也遭遇挫折；二是大国因其内部幅员辽阔而呈现出的多个层级的区域之间的差异。中国的区域发展大致显现出四大板块——东部领跑、东北振兴、中部崛起、西部大开发。由于存在着区域差异，四大区域板块之间彼此独立。领跑的东部区域包含了长江三角洲、珠江三角洲和环渤海地区三大城市群，且每一个层级的区域之间，会表现出竞争的特征。

回首中国20年的区域经济发展战略，其追求的目标是实现区域之间的平衡，在实践上虽然取得了诸多成效，但从区域间的实际发展情况看，领跑的东部GDP占比长期维系在50%以上，振兴的东北GDP占比却在持续下滑，崛起与开发的中部和西部GDP占比提升并不显著。从人均GDP来看，2000年东部与西部的差距约为7000元/人，到2018年则扩大至超过4万元/人。可以说，追求并践行均衡的区域经济发展战略的效果有待提升。

从全球范畴来看，主要表现为人口、产业的“集聚性”和经济的“非均衡”。例如世界三大湾区（纽约、旧金山和东京），均集聚了本国高比例的GDP。联合国2009年世界发展报告《重塑世界经济地理》中指出，不平衡增长与区域发展是可以并行不悖的，关键就在于推动区域经济一体化。

中国在区域经济发展战略上，近期也对原有的四大板块有所突破，不再拘泥于既往的区域平衡战略，而是缩小区域政策单元，从不同城市群入手，如以长三角、粤港澳大湾区为增长极，打破阻碍生产要素流动的壁垒，鼓励生产要素的流动，形成生产要素的集聚，提高资源配置效率，实现城市群的“1+1>2”的整体效益（集聚效应），并通过经济带的传导（协同效应），让各大、小城市群在市场力量的推动下发展。同时，利用政策加以引导，弥补市场失灵，实现区域之间的互补与分工。

三、粤港澳大湾区的城市竞争力

粤港澳大湾区是指由广东省的广州、深圳、珠海、佛山、中山、东莞、肇庆、江门、惠州9个城市与香港特别行政区（以下简称香港特区）、澳门特别行政区（以下简称澳门特区）组成的城市群，即“9+2”，总面积达5.6万平方千米，总人口约为7000万，经济总量约为10万亿元（2017年期末值）。《粤港澳大湾区发展规划纲要》对湾区11个城市给出了明晰的战略定位，即广州、深圳、香港特区、澳门特区四大中心城市作为区域发展的核心引擎，包括江门市在内的其余7个城市构成功能互补的重要节点城市。

根据中国社会科学院城市与竞争力研究中心的研究，在湾区四大中心城市中，深圳市和香港特区的综合经济竞争力分列全国的冠军和亚军，广州市位居第4位，澳门特区名列第14位。香港特区的宜商和宜居竞争力均位居全国首位，深圳市和广州市的宜商竞争力分列第4位和第5位，澳门特区处于第12位；广州市、澳门特区和深圳市的宜居竞争力均进入全国前十位。香港特区的可持续竞争力位列全国榜首，深圳市和广州市分列第4位和第5位，澳门特区列第8位。

在7个节点城市中，东莞市和佛山市的经济竞争力十分突出，分列第10位和第12位；江门市和肇庆市的经济竞争力相对偏后，分列第113位和第117位；节点城市的宜商、宜居竞争力多数表现良好，除肇庆市和江门市（宜商：85；宜居：109）外，其余排名均位居前列；珠海市和东莞市的可持续竞争力表现较好，分别名列第23位和第27位，其余除肇庆市与江门市（第77位）偏低外，排名比较靠前，如表1~表4所示。

表1　2018年粤港澳大湾区城市经济竞争力

城市	综合经济竞争力		综合增量竞争力		综合效率竞争力	
	指数	排名	指数	排名	指数	排名
香港特区	0.559	2	0.194	39	1.000	1
澳门特区	0.155	14	0.028	276	0.268	3
广州市	0.306	4	0.764	5	0.132	7

续表

城市	综合经济竞争力		综合增量竞争力		综合效率竞争力	
	指数	排名	指数	排名	指数	排名
深圳市	0.667	1	0.853	3	0.523	2
肇庆市	0.060	117	0.110	99	0.004	138
江门市	0.060	113	0.093	130	0.008	98
东莞市	0.184	10	0.247	25	0.110	8
中山市	0.128	25	0.136	68	0.078	13
珠海市	0.112	29	0.117	90	0.063	18
佛山市	0.179	12	0.243	26	0.106	9
惠州市	0.077	61	0.168	48	0.011	74

资料来源：中国社会科学城市与竞争力指数数据库。

表 2　2018 年粤港澳大湾区城市宜商竞争力

城市	宜商竞争力		当地要素	当地需求	软件环境	硬件环境	对外联系
	指数	排名	排名	排名	排名	排名	排名
香港特区	1.000	1	1	1	5	1	16
澳门特区	0.650	12	5	107	144	1	19
广州市	0.741	5	13	3	271	6	5
深圳市	0.776	4	3	4	226	26	7
肇庆市	0.340	107	105	187	198	66	82
江门市	0.382	85	73	92	245	67	59
东莞市	0.537	29	20	18	251	55	35
中山市	0.521	31	28	48	203	10	52
珠海市	0.474	47	37	69	264	54	18
佛山市	0.518	32	57	17	167	37	44
惠州市	0.431	61	56	56	282	21	38

资料来源：中国社会科学城市与竞争力指数数据库。

表 3　2018 年粤港澳大湾区城市宜居竞争力

城市	宜居竞争力		优质教育环境	健康医疗环境	安全社会环境	绿色生态环境	舒适居住环境	便捷基础设施	活跃经济环境
	指数	排名	排名	排名	排名	排名	排名	排名	排名
香港特区	1.000	1	3	12	3	1	281	84	4
澳门特区	0.712	7	25	124	285	4	55	104	5
广州市	0.732	5	13	9	263	25	196	235	7
深圳市	0.708	8	17	17	253	6	283	208	9
肇庆市	0.268	206	144	243	259	109	35	82	203
江门市	0.435	109	114	106	260	113	83	106	106
东莞市	0.620	31	40	44	245	72	195	206	26
中山市	0.558	55	136	64	243	53	46	166	22
珠海市	0.574	46	125	63	241	9	250	136	18
佛山市	0.620	32	82	19	236	55	98	197	24
惠州市	0.463	95	143	164	188	20	125	193	61

资料来源：中国社会科学城市与竞争力指数数据库。

表 4　2018 年粤港澳大湾区城市可持续竞争力

城市	可持续竞争力		知识城市竞争力	和谐城市竞争力	生态城市竞争力	文化城市竞争力	全域城市竞争力	信息城市竞争力
	指数	排名	排名	排名	排名	排名	排名	排名
香港特区	1.000	1	6	1	1	1	1	1
澳门特区	0.627	8	13	90	250	10	2	3
广州市	0.677	5	7	164	12	11	17	6
深圳市	0.706	4	3	104	6	66	22	5
肇庆市	0.288	136	149	260	96	96	126	82
江门市	0.346	77	88	176	156	138	61	32
东莞市	0.519	27	28	178	91	106	5	7

续表

城市	可持续竞争力		知识城市竞争力	和谐城市竞争力	生态城市竞争力	文化城市竞争力	全域城市竞争力	信息城市竞争力
	指数	排名	排名	排名	排名	排名	排名	排名
中山市	0.376	61	119	223	226	54	25	12
珠海市	0.526	23	93	112	5	77	16	9
佛山市	0.461	36	64	126	193	41	23	13
惠州市	0.417	49	94	196	66	64	48	18

资料来源：中国社会科学城市与竞争力指数数据库。

按照新型区域经济发展战略，这种不平衡可以通过错开地区或城市战略定位来实现差异化竞争和优势互补。如《粤港澳大湾区发展规划纲要》提出要支持江门与港澳合作建设大广海湾经济区，拓展在金融、旅游、文化创意、电子商务、海洋经济、职业教育、生命健康等领域合作。

四、大广海湾经济区的优势

大广海湾经济区位于江门市的东南部，东面与珠海隔湾相望，西面连接阳江，北面接壤江门主城区，并与港澳邻近，是粤港澳大湾区西部的门户。其规划总面积达3240平方千米，核心区位于银湖湾和广海湾，面积约520平方千米，起步区主要位于银湖湾围垦区、广海湾填海区和下川岛，面积约27.5平方千米。

大广海湾经济区拥有的自然资源和华侨资源十分丰富，为江门市的高质量发展提供了要素支撑。

一是区位优势。大广海湾经济区位于珠三角与粤西及泛珠三角的连接点，在空间上与广佛都市圈、深港经济圈构成了粤港澳大湾区的三角地带，成为“承东启西”的关键性节点。交通网络较发达，已经建成新台、江珠、西部沿海等多条高速公路，港口、轨道等交通方式齐全。随着港珠澳大桥的建成通车，及深中通道、深茂铁路的未来建成通车，大广海湾经济区连接珠三角与港澳地区以及粤西与大西南的交通枢纽地位将更加凸显。

二是土地优势。大广海湾经济区的土地开发强度非常低，目前仅有5%，只是珠三角发达地区的1/5或1/6。银湖湾未来可以连片开发的土地面积接近47平方千米，广海湾可围填海面积达到170多平方千米，这些未利用土地连片且全部权属政府。土地储备充足，为大广海湾经济区的未来发展提供了稳固支撑。

三是港口优势。大广海湾经济区拥有国家一类口岸（新会天马港），广海湾及川岛地区建港条件良好，广海湾鱼塘港可建设5万~10万吨级泊位，川岛具有建设30万吨级以上大型深水港的优良条件；银洲湖是西江黄金水道的出海口，已初步建立起沿江港口群。

四是能源优势。大湾区规划总装机容量超过2000万千瓦的核电、火电、光伏和风电等项目，是“中国电能源产业基地”。

五是生态环境优势。大广海湾经济区的大陆海岸线长约420千米，无大型临海重化工业，大气环境和海水水质的现状良好，环境容量大。大广海湾经济区的森林、海洋、湿地三大生态系统资源丰富、完备，拥有珠三角面积最大的生态屏障古兜山脉，镇海湾区域红树林的连片面积位列珠三角首位，是粤港澳大湾区难得的滨海净土。

六是华侨资源丰富。江门五邑是“中国第一侨乡”，祖籍江门市的华人和中国港澳台同胞近400万人，遍布世界各国和地区。大广海湾经济区与海外具有独特的人缘、地缘、亲缘方面的优势，中西文化在此不断交流融合，从而形成了独具魅力的侨乡文化特质。

五、江门市与澳门特区合作建设大广海湾经济区

《粤港澳大湾区发展规划纲要》提出，到2022年，粤港澳大湾区国际一流湾区和世界级城市群框架基本形成；到2035年，宜居宜业宜游的国际一流湾区全面建成。而《广东江门大广海湾经济区发展总体规划（2013—2030年）》提出规划近期至2017年，中期至2020年，远期至2030年。两个规划的时期显示，大广海湾经济区具有15~20年的黄金发展期。

是江门市与澳门特区在大广海湾经济区可实现多个产业上的合作。在旅游方面，澳门特区在建设“世界旅游中心”的进程中，可与江门市联合开

展“一程多站”的湾区旅游项目，包括海岛游、世界遗产游、游艇游等。在金融方面，澳门特区可与江门市合作发展特色金融，如在大广海湾经济区设立银行分行，利用江门市侨乡的优势，联手成立江门华侨银行。在文创方面，澳门特区在《粤港澳大湾区发展规划纲要》中新增了“一个基地”的定位，江门市的侨乡文化与澳门特区的中西文化匹配度高，二者可在文创上携手共建。

二是以“飞地经济”方式合作，推进澳门特区与江门市跨境合作实验区建设。澳门特区土地面积狭小，仅有 32.9 平方千米，海域面积 85 平方千米，海岸线全长 76.7 千米，发展空间十分有限，而澳门特区又面临着经济适度多元可持续发展的要求，仅在澳门特区难以完成多元化，必须通过区域合作促进经济多元。相比之下，大广海湾经济区土地广阔，发展空间大。江门市与澳门特区虽然不相连，但可采用“飞地经济”的方式，在大广海湾经济区依托银湖湾滨海地区与澳门特区共同谋划建设跨境合作实验区，按照澳门特区管理，即在区内可自主决定开发模式与方向，建立双方可进行 GDP 与税收分享（江门市与澳门特区按比例分成）的跨境合作园区。

三是在科技创新与高等教育上搭建人才合作的新平台。回归 20 年来，澳门特区经济迅速发展，在科技创新支持上逐年加大，尤其是近几年的力度更大，相应地构造了以四个国家重点实验室为基础的科研基地，并培养和吸引了科技人才。澳门特区的科技需要从实验室走向工厂，而澳门特区缺少这样的转化场景。江门市拥有五邑大学这样的理工院校，又处于珠江西岸先进装备制造产业带，在科研创新和产业发展上与澳门特区正好形成比较优势。同时，澳门特区的高等教育经过多年发展，已成规模，毛入学率已经达到 90% 以上，意味着澳门特区在本地难以吸纳更多的学生，澳门特区的高校可在大广海湾经济区设立分校或研究机构，共同打造科技创新和高等教育的合作平台。

六、结语

基于城市竞争力的数据，江门市与澳门特区位于不同的城市梯队，在区域发展上很不平衡。按照新型区域经济发展战略，不平衡与区域发展并不矛盾，反而使二者具有更多、更大的合作空间。大广海湾经济区成为彼此合作的落脚点，江门市可全方位对接大湾区，连接澳门特区，澳门特区也在“一国两制”框架下进行资源要素整合发展的新平台对接，双方共同开创新时代区域合作的新局面和促进区域经济的高质量发展。

粤港澳人文湾区视野下的江门市与澳门特区交流史构建问题

刘　进*

摘　要： 珠三角九市与香港特区和澳门特区之间的天然历史文化联系及其丰厚的文化积淀是中央提出粤港澳大湾区建设的历史文化基础，是形成香港特区和澳门特区与内地城市历史文化认同、民族认同、凝聚人心的重要文化资源，也是大湾区建设重要着力点之一。江门市与澳门特区的历史文化联系密切，对其历史文化联系的梳理可以成为建设“人文湾区”的典范。

关键词： 粤港澳大湾区；人文湾区；江门；澳门特区

一、粤港澳大湾区建设提出的历史文化逻辑

2019 年 2 月 18 日，《粤港澳大湾区发展规划纲要》（以下简称《纲要》）正式颁布。《纲要》第一章第一节“发展基础”列举了五个重要方面：一是区位优势明显，二是经济实力雄厚，三是创新要素集聚，四是国际化水平领先，五是合作基础良好。五个方面相辅相成，缺一不可。

合作基础良好。香港特区、澳门特区与珠三角九市文化同源、人缘相亲、民俗相近、优势互补。近年来，粤港澳合作不断深化，基础设施、投资贸易、金融服务、科技教育、休闲旅游、生态环保、社会服务等领域合作成效显著，已经形成了多层次、全方位的合作格局。

---

* 刘进，五邑大学广东侨乡文化研究中心常务副主任、教授。

《纲要》第八章“建设宜居宜业宜游的优质生活圈”提出，塑造湾区人文精神，坚定文化自信，共同推进中华优秀传统文化传承发展，发挥粤港澳地域相近、文脉相亲的优势，联合开展跨界重大文化遗产保护，合作举办各类文化遗产展览、展演活动，保护、宣传、利用好湾区内的文物古迹、世界文化遗产和非物质文化遗产，支持弘扬以粤剧、龙舟、武术、醒狮等为代表的岭南文化，彰显独特文化魅力。并明确提出支持江门市建设华侨华人文化交流合作重要平台。

《纲要》提到，建设粤港澳大湾区，既是新时代推动形成全面开放新格局的新尝试，也是推动“一国两制”事业发展的新实践。与中央提出的其他重要区域发展战略如京津冀协同发展战略、长江经济带发展战略等不同之处在于：粤港澳大湾区内的“一国两制”，因此着眼点在于：支持香港特区、澳门特区融入国家发展大局，增进香港特区、澳门特区同胞福祉，保持香港特区、澳门特区长期繁荣稳定，让香港特区和澳门特区同胞同祖国人民共担民族复兴的历史责任，共享祖国繁荣富强的伟大荣光。

历史上，澳门特区曾属于广东省香山县，香港特区曾属于广东省宝安县，居民均讲粤语方言，其居民绝大部分祖籍广东，三地之间直至今日经济、文化联系十分密切。但因为历史的原因，粤港澳三地形成两种政治制度、三个关税区、三种货币的区隔。在不同环境下成长起来的三地居民，历史观、文化观差异较大，对粤港澳曾经有过的密切经济人文交往的历史关系缺乏共有的深刻认识，从而影响对粤港澳文化区域的认同。

大湾区粤方所属的珠三角九个城市，因为同处社会主义制度之下，其共性自不待言，《纲要》中提到，文化同源、人缘相亲、民俗相近。因此，在粤港澳大湾区建设中，通过对内地城市与香港特区、澳门特区之间从古至今紧密的经济文化关系史的共同挖掘、梳理与建构，对进一步增加粤港澳大湾区建设中民心相通相亲、文化亲缘性认同具有十分重要的意义。可以进行内地 9 城市之一与香港特区、澳门特区历史关系的研究，也可进行珠三角乃至广东省与粤港的关系史研究。江门市所属的五邑地区（新会、台山、开平、恩平、鹤山）是与香港特区、澳门特区地区联系紧密的珠三角城市之一，可展开此方面的研究。

二、江门市与澳门特区：珠江西岸文化走廊上的两颗璀璨明珠

江门市和澳门特区同属于影响中国近代历史的珠江西岸文化走廊上的重要城市。

大航海时代的来临，西方资本主义兴起，需要拓展商品市场和原材料的来源，扩大其文化影响力，不断向东方探索，而我国明清两代闭关锁国，广州是官方准许的唯一对外合法贸易窗口，这些活动主要集中在广东珠江西岸沿海地区。

以中国澳门为龙头、广州为凤尾的珠江西岸地带，是近代以来处于中西交流的前沿地带，这里的社会精英和大众了解世界发展动态和趋势。

以中国最早的留学生香山县人容闳的家庭选择为例。容闳（1828~1912年），广东香山县南屏村人，中国近代著名的教育家、外交家和社会活动家，是第一个毕业于美国耶鲁大学的中国留学生，也是中国留学生事业的先驱，被誉为“中国留学生之父”。他家本是澳门特区附近一岛屿的普通家庭，他成为中国第一个留学生，并非偶然。他回忆录说：

1828 年 11 月 17 日，予生于彼多罗岛之南屏镇。镇距西南可四英里。……

1834 年，伦敦妇女会议在远东提倡女学。英教士古特拉富之夫人遂于是时莅澳，初设一塾，专授女生。未几复设附塾，兼收男生。……予兄方在旧私读书，而父母独命余入西塾，此则百思不得其故。意者通商而后，所谓洋务渐趋重要，吾父母欲先着人鞭，冀儿子能出人头地，得一翻译或洋务委员之优缺乎。至于予后来所成事业，似为时势所趋，非余父母所及料也。

1835 年，随父至澳门，入古夫人所设西塾，予见西国妇女始此。时才七龄，当时情形，深印脑中……①

容闳的父亲看到世界形势变化的趋势，因此，果断将容闳送入中国澳门外国人开办的学校读书。

珠江西岸文化走廊上以孙中山、郑观应、梁启超、康有为、容闳等先进

---

① 容闳. 容闳回忆录［M］. 北京：东方出版社，2012：6.

人物为代表，引领着近代以来中国社会进步的潮流和方向。

近现代时期五邑人将中国澳门作为谋生、避难的重要城市，因此造就了中国澳门居民中祖籍地源于江门的人口比例甚高。当代五邑侨乡的改革开放也得到了中国澳门乡亲的大力支持。

三、江门市与澳门特区交流历史的初步考察

正如前述，粤港澳人缘相亲的历史，应着重梳理与建构粤港澳之间的交流史，期待这些学术研究对三方真实存在过的历史文化亲缘关系产生真正的了解和理解。分别考察了中国内地城市与香港特区、澳门特区之间的交流史是细化、深化研究的方法之一。

有关江门市、澳门特区两个城市互动交流史的专文或专著甚少。笔者粗略查阅一些史料发现，近代以来江门市与中国澳门之间联系十分密切。

（一）20世纪上半叶江门与中国澳门各地间常态化的交通联系

晚清时期，西方列强强迫在中国沿海、沿江分批开设通商口岸，广东沿海的广州、汕头、九龙、拱北、三水、江门等沿海、沿江城市成为开放通商口岸。鉴于拱北关的贸易、交通、人员往来与中国澳门密切相关，因此，本文将以拱北关的数据和史实来考察江门与中国澳门之间的关系。

1904年，拱北关记载："现有轮船每日往来港澳及西江各口，又有遵照内地行驶章程轮船来往省城、佛山、新昌暨沿海水东、雷州等处约50只，另有渡船两只常川往港，一只往澳，数只往海南……"① 珠江三角洲水网纵横，此时的交通往来主要是船运，此处记载的"新昌"是当时新宁县（今台山）的一个圩镇。这一年，江门关正式开埠，拱北关曾经一度担心与其形成竞争关系，但实际上，"自江门开作口岸，原恐有碍本口贸易，由今观之则殊不然，盖彼处自八年前已得与港澳两处轮船交通之便，现虽改作口岸，仍与本口贸易无甚损碍。"②这就是说，西江岸边贸易枢纽之一的江门自1896年就与中国

① 光绪三十年拱北口华洋贸易情形论略［A］//中华民国海关华洋贸易总册——民国纪元前八年（1904年），台北：台北"国史"馆史料处，1982：95.

② 光绪三十年拱北口华洋贸易论略［A］//中华民国海关华洋贸易总册——民国纪元前八年（1904年），台北：台北"国史"馆史料处，1982：86.

香港和中国澳门之间开始有定期的轮船往来，这一时期，“新宁、开平两县邻近市镇各商贩以轮拖较为妥便捷，且货脚照章并无加价，更可免抢劫之虞。职是之故，渡船生理，历年以来未形减色。”①从拱北到新宁、开平两县的货运因为便捷、省费、安全，并没有从江门出入，而是从拱北出入。

（二）中国澳门是江门五邑中外贸易的重要枢纽之一

近代以来，中国澳门是江门五邑地区土特产出口和洋货进口的重要枢纽之一。1909 年拱北关记载说：

出口土货。……至土烟土纸出口，因澳门原有大烟厂二间，现加筹巨资由鹤山购烟，制成后多运往新加坡销售，烟多则包烟之纸亦多，故附近各处烟与纸源源运出，本年桂油较多皆由梧州附轮装至江门，复装渡船运经本口来澳。向来此项桂油悉由江门运往香港，近因大公司之轮船以其为引火之物，不肯装载也。葵扇较少，6766921 柄，因本年改附轮船由江门运往香港，盖此物为新会县所产也。②

江门五邑地区的特产进出口主要通过中国澳门和中国香港这两个国际性城市，究竟选择哪个城市，商家根据当时的具体情形，以实现利益最大化。但中国澳门与江门五邑在距离上的便捷性，是重要有利因素之一。

由表 1 可知，拱北关进口洋货的主要销售地，正是江门五邑地区的新宁、开平长沙、江门等区域性交通枢纽，凡是进口的货物，无一不运往新宁县，大部分货物也运往江门。

表 1 1909 年拱北关各厂进口各大宗货物估值以及各该货经运往来各要地一览

货色	估值（关平两）	运往何处	经过
米谷	3558134	新宁 江门 长沙	马溜洲
洋药	2393312	新宁 香山 雷州 顺德	马溜洲 前山
棉纱	1087464	新宁 东莞	马溜洲

① 光绪三十年拱北口华洋贸易论略［A］//中华民国海关华洋贸易总册——民国纪元前八年（1904 年），台北：台北“国史”馆史料处，1982：86.

② 宣统二年拱北口华洋贸易论略［A］//中华民国海关华洋贸易总册——民国纪元前三年（1909），台北：台北“国史”馆史料处，1982：109-110.

续表

货色	估值（关平两）	运往何处	经过
鱼等各类海味	1009000	新宁　石歧　江门	马溜洲
糖	413591	新宁　长沙　水东　香山　阳江	马溜洲　东澳
香菌木耳	227611	陈村　江门	马溜洲
粉丝	203321	新宁　江门	马溜洲
绸缎	185419	新宁　陈村　顺德	马溜洲
铁路材料	132942	新宁	马溜洲
药材	129452	新宁　东莞　水东　阳江	马溜洲　东澳
衣帽等类	129203	新宁　陈村	马溜洲
糖	126235	新宁　江门	马溜洲
面粉	103523	新宁　江门　陈村	马溜洲
花生	96827	新宁　江门　长沙	马溜洲
布疋（同“匹”）类	182446	新宁　石歧	马溜洲
五金	153470	新宁　杨洋	马溜洲　东澳

资料来源：宣统元年拱北口华洋贸易论略［A］//中华民国海关华洋贸易总册——民国纪元前二年（1910），台北：台北“国史”馆史料处，1982：120-121.

拱北关记载得很清楚，1909 年“进口洋货由香港经过本关各厂者值关平银 7160512 两，由澳门者值关平银 6788747 两，由安南者值关平银 4890 两。”① 即这些货物中 51.31%由中国香港进口，48.65%由中国澳门进口，0.04%由安南进口。显示中国澳门在江门五邑各地进口货物中占有举足轻重的分量。

江门关辖区的土货出口，江门关是一个重要途径，但拱北关的记载显示，清末时期，拱北关也出口不少五邑地区的土货（见表 2），如新会特产葵扇、新宁县的红茶、江门的香油等。1909 年，拱北关出口土货共计关平银 4946440 两，其中运往中国澳门的值关平银 4360584 两，占 88%，运往中国香

① 宣统元年拱北口华洋贸易论略［A］//中华民国海关华洋贸易总册——民国纪元前二年（1910），台北：台北“国史”馆史料处，1982：120-121.

港的值关平银585856两，占12%。[1] 中国澳门在五邑土货出口贸易上占有重要地位。

表2 1909年拱北关各厂出口各大宗货物估值以及各该货经运往来各要地一览

货色	估值（关平两）	来自何处	经过
白丝	186210	龙江	马溜洲
野蚕丝	604026	龙江	马溜洲　前山
乱丝头	11849	龙江	马溜洲
绸缎	39724	龙江	马溜洲
席子	423833	雷州	马溜洲　东澳
各种竹竿竹器	256598	江门	马溜洲
各种扇	253123	新会	马溜洲
红茶	234881	新宁	马溜洲
各种木料	189969	陵水　陈村	马溜洲
各种烟叶烟丝	308981	江门	马溜洲　东澳
鲜果及蔬菜	290193	石岐　陈村	马溜洲
牛羊猪及鸡鸭鹅	307433	雷州　香山	马溜洲
柴	168616	肇庆	马溜洲
鱼等各类海味	107637	香山　石岐	马溜洲
香油	141909	江门	马溜洲
酒	101103	佛山　石岐	马溜洲　东澳

（三）中国澳门是五邑人谋生和出洋的重要城市

晚清时期，中国澳门是五邑人出洋的重要口岸。中国澳门和中国香港是五邑出洋的必经之地，也是五邑人谋生、避难的重要城市，因此，在中国澳门有很多五邑人，他们为中国澳门经济社会发展做出了巨大的贡献。

---

① 宣统元年拱北口华洋贸易论略［A］//中华民国海关华洋贸易总册——民国纪元前二年（1910），台北：台北“国史”馆史料处，1982：121—122.

（四）中国澳门乡亲对五邑发展贡献力量

中国澳门乡亲与中国香港乡亲一样，在中国改革开放前三十年以各种方式支持家乡建设。20世纪90年代出版的五卷本《江门五邑海外名人传》① 就收录了崔德祺、赵汝能、李成俊、何厚铧、郑健成、陈国勇等事业有成且对五邑发展做出贡献的中国澳门乡亲。

以崔德祺（1912~2007年）为例，他是澳门特区政界的知名人士，曾任澳门特别行政区立法会议员及副主席，澳门市政执行委员会委员及副主席等职，据不完全统计，自1979~1992年，崔德祺与其夫人何丽贞（曾任澳门妇女联合会副会长、新会市政协委员）一道，共为家乡捐赠了1000多万港元，助办了20多项的公益事业。1992年，他的家乡为其立了“碑记”，内容如下：

崔德祺博士，本镇崔嘉亨村人，世居濠江，为该埠之商业巨子，知名实业家、慈善家，德高望重，誉满乡邑。博士一贯热心家乡公益事业，50年代，捐资改建沙路小学，80年代，偕子侄回乡，资助兴建崔嘉亨水泥道路、护村石堤、村门牌楼、修建会堂。今又斥资兴建乡府大楼及自来水工程，使村民获得良好的办公聚会之所及清洁卫生饮用之水，嘉德弥世。崔博士造福桑梓，不遗余力，大德善行，永昭后世，特立碑泐铭记。（新会市双水镇人民政府，1992年12月）②

对五邑发展做出贡献者不仅只有五邑籍的中国澳门乡亲，何厚铧本是番禺人，他除了支持家乡番禺发展外，也积极参与江门市经济社会的发展。他和好友崔世昌合资创建的澳门夏日投资置业有限公司，于1993年10月与江门市西区置业公司在江门联合创建了江澳投资置业有限公司，建造了当时在江门的商住楼“华园大厦”，1993年，捐献100万元人民币为五邑大学建设学生宿舍一栋，被命名为“厚铧楼”。③

四、江门市与澳门特区交流史构建的对策建议

江门市和澳门特区地理相近，人缘相亲，都具有近代以来西方文化影响

①②③ 谭思哲. 江门五邑海外名人传（第五卷）[M]. 广州：广东人民出版社，1996.

下的世界文化遗产，江门市拥有“世界开平碉楼与村落”，澳门特区拥有“澳门历史城区”，两地都拥有世界记忆遗产，都是“海上丝绸之路”的重要节点城市，在构建人文湾区方面应发挥资源禀赋优势，担当重任。

珠江西岸文化发生的历史事件、产生的历史人物影响了近现代中国社会发展的进程。进一步挖掘两个城市文化交流的历史文化资源，还原历史原貌，构建新的共同历史的记忆，有助于凝聚民心，增加文化亲和力，助力粤港澳大湾区建设。为此，本文提出如下建议：第一，设立专门的文化基金，抢救性征集江门市与澳门特区两地民间收藏的两地文化交流文献、文物。第二，梳理图书馆、档案馆等文化机构收藏的江门市与澳门特区交流史料，结合征集的民间文献、文物整理成为资料长编。第三，进行严肃的学术梳理，以专门课题研究江门市与澳门特区交流的历史，为展览、展示、媒体传播、影视剧创作提供准确的学术基础。第四，在两地有关博物馆中开辟江门市与澳门特区文化交流展区。

粤港澳大湾区高等教育机构与继续教育的合作机遇：以澳门特区与江门市为例

刘丁己　赵家懿*

摘　要：加强粤港澳大湾区高等教育的交流与合作是推进粤港澳大湾区一体化的重要组成部分，也是培养人才发展和促进人才流动的关键。然而高等教育机构对学位教育方面的限制和规定较多，要全面开展合作需要一定时间，但相对于非学位教育的继续教育相对弹性空间较大。在此背景下，粤港澳大湾区的高等教育机构如何在继续教育方面开展具体合作、促进产学研共融共建，值得进一步探讨。本文以澳门特区和江门市两地为例，概述澳门特区继续教育的发展情况，讨论大湾区对澳门特区继续教育的发展机遇，以及澳门特区与江门市两地高等教育机构继续教育资源互补与具体交流合作的方向，以实际例子为佐证，并对未来可能发展进行总结。

关键词：粤港澳大湾区；高等教育；继续教育

一、澳门特区继续教育概述

继续教育（Continuing Education）是20世纪30年代从美国发展起来的一个新的教育工程，是一种暨学校教育之后，面向所有社会成员（尤其是成人）的教育活动，如家庭教育、回归教育、社区教育、职业培训等。继续教育的核心是终身学习，目的是使人通过持续学习，带动个体和社会的整体进步和

* 刘丁己，澳门大学工商管理学院教授、澳门大学持续进修中心主任；赵家懿，澳门大学工商管理学院本科生。

发展。随着当今社会教育观念的不断更新，继续教育理念已经发展成世界各国教育事业的重要指导思想之一。

澳门特区作为一个具有特殊地理环境和政治地位的城市，正处于经济产业快速转型的阶段，为企业带来了宝贵的发展机遇。因此，各行各业在人力资源的需求量上有所增加，同时也更关注人才的质量。加上澳门特区自然资源有限，未来的发展必定是基于人才教育的发展，需要大量的优秀人才来提升地区竞争力。据调查显示，自澳门特区回归以来，特区政府不断加大对教育领域的投入，开展了许多提升澳门特区居民素质和技能的教育工作，以此改善澳门特区整体的教育环境。

近年来，澳门特区政府大力开展提升人力资源素质的工作，除了对正规教育进行必要的推进，还在澳门营造出浓厚的继续教育氛围，让澳门特区居民逐步认识到持续教育的重要性，并积极参与各项教育课程以提升自我素养及职业技能。澳门特区政府于2011年发布实施了《澳门非高等教育发展十年规划（2011—2020年）》（以下简称《十年规划》），以确定未来非高等教育体系发展的方向和目标。澳门特区的非高等教育分为正规教育和继续教育。继续教育是指除正规教育以外的各种教育活动，包括家庭教育、回归教育、社区教育、职业培训和其他教育活动。《十年规划》明确提出，建立回归教育标准评核机制，以灵活、多样的方式实施回归教育和家庭教育，构建灵活开放的终身教育体系，以进一步形成学习型社会。同样，时任澳门特区行政长官崔世安先生于2013年11月发表的《2014年施政报告》中提出，澳门特区政府要继续开办多元化的职业培训课程，协助本地雇员向上流动；鼓励及协助澳门特区居民考获国家或国际专业资格认证，及推动职业技能鉴定制度。由此可见，澳门特区政府正努力开展继续教育的建设，为澳门特区居民积极实现自我增值提供了大力的支持。

为了让澳门特区改变经济结构单一的局面，能够早日实现适度多元发展，从而建设知识经济型社会、可持续发展型社会，澳门特区政府在2007年推出了“持续教育资助计划”，为年满15周岁的澳门特区居民提供资助，提高他们进修的意愿。该计划得到学校、教育机构及社团的支持，得以顺利完成。从2007~2011年上半年，共举办了8期计划，有17270名居民获得资助，约占全澳门特区人口的 4.3%，平均每位居民参加 1.86 个课程，获得 2500 澳门元的资助。在 2007~2010 年的前期摸索以及 2010 年底对该项计划的评估基础上，澳门特区政府认为有必要继续加强对持续教育的开展工作，并明确指出要让更多的教育机构和澳门特区居民参与到计划中，同时增加课程种类，扩大教育培训领域，从教育根源上推进继续教育的发展。

因此，在计划结束之后，为提升市民素养和技能，改善生活素质，促进社会的可持续发展，从而构建终身学习社会及让市民分享经济成果，澳门特区政府于 2011 年 7 月起推出首阶段为期三年（2011~2013 年）的“持续进修发展计划”（Continuing Education Development Plan），首先拨放共计 5 亿澳门元的启动经费，以最高资助每人 5000 澳门元课程费用的方式来鼓励年满 15 周岁或以上的澳门特区市民再学习及再进修。在第一阶段计划取得预期成效之后，特区政府于 2014 年 4 月继续推出第二阶段的“持续进修发展计划”，资助金额上限从 5000 澳门元提高到 6000 澳门元。符合条件的澳门特区居民可以使用资助参与本地及外地的继续教育课程、高等教育课程及证照考试。第三阶段的“持续进修发展计划”在 2017 年 4 月推出，于 2019 年 12 月结束，而计划第四阶段的立法工作正在部署及落实，目标是与第三阶段无缝连接，如表 1 所示。

表 1　各个阶段“持续进修发展计划”的具体内容

	第一阶段	第二阶段	第三阶段	第四阶段
资助金额使用日期	2011 年 7 月至 2013 年 12 月 31 日	2014 年 4 月 29 日至 2016 年 12 月 31 日	2017 年 4 月 11 日至 2019 年 12 月 31 日	规划中，计划与第三阶段无缝连接
目标	为终身学习创造有利的条件，鼓励澳门特区居民参与计划，借由继续教育，尤其透过参与职业培训课程及考取证照，以提升个人素养和技能，从而配合经济产业多元发展及营造学习型社会			
对象	计划期间年满 15 周岁或以上的澳门特区居民			
资助项目	1. 本地继续教育课程及证照考试 2. 本地高等教育课程 3. 外地高等教育课程、继续教育课程及证照考试			
资助实体	澳门特别行政区教育暨青年局			

续表

	第一阶段	第二阶段	第三阶段	第四阶段
资助总金额（每人）	5000澳门元	6000澳门元	6000澳门元	尚未公布

资料来源：澳门特别行政区教育暨青年局。

“持续进修发展计划”实施第一阶段的时候，澳门特区政府一共动用了5亿澳门元作为启动经费，而第二阶段的启动经费达到了7亿澳门元。由政府出资是该计划一个最大的特点，同时，该计划能够将学习的主动权放在澳门特区居民的手上，符合条件的人群可以根据自身情况、喜好选择自己所需要的教育课程。

“持续进修发展计划”自2011年正式推行以来，不仅有许多澳门特区居民踊跃报名参与相关课程和考试，获得了社会各界的积极配合和大力支持。计划第一阶段有145000名居民、320家机构参与；第二阶段有167000名居民、330家机构参与；第三阶段将于2019年底结束，至今有约150000名居民、470家机构参与。近几年，无论是参与的居民还是机构，都在逐步增长，说明该计划能够有效帮助澳门特区促进人才的培养、促进居民向上流动、增强居民的自我增值意识，进而推动澳门特区继续教育。

表2　第一阶段（2011~2013年）计划参与率、居民参与率

年龄（岁）	第一阶段参与人数（人）			人口普查人数（人）			居民继续教育参与率（%）		
	男	女	总参与人数	男	女	澳门特区总人口	男	女	比例
15~24	23734	26173	49907	46373	48400	94773	51.18	54.08	52.66
25~39	22862	28767	51629	67990	75314	143304	33.63	38.20	36.03
40~59	12454	22479	34933	85042	97514	182556	14.64	23.05	19.14
≥60	3250	5662	8912	31616	34384	66000	10.28	16.47	13.50
合计	62300	83081	145381	231021	255612	486633	26.97	32.50	29.87

资料来源：澳门特别行政区教育暨青年局。

可以从表3的变化中发现，在第一阶段、第二阶段的计划中，选择本地项目的居民占其中较大比例，同时，在选择了本地项目的澳门特区居民中，超过90%的人选择了继续教育课程，在第一阶段、第二阶段分别占了92.29%和93.36%。在一些获批的本地教育课程中，课程涉及的领域十分广泛，既有休闲兴趣方面、职业技能方面还有学术进修方面的。其中，大多数澳门特区居民选择参与职业技能方面的教育课程，占了总参与人数的34%。与职业技能相关的课程涉及了语言类、金融财务类、创意设计类、商业管理类、文化产业类等各项领域，在选择了职业技能课程的学员中，有约74%的人报读了语言、信息技术以及金融财务的相关课程。澳门特区政府对外地项目的支持力度正在扩大。在持续教育项目中，除了澳门特区之外，中国内地和香港特区也为澳门特区居民提供了许多具有特色的持续教育课程。第一阶段与第二阶段参与计划的人次及比例如表4所示。

表3　第一阶段与第二阶段参与计划的本地与外地项目的人数

	第一阶段		第二阶段	
项目分类	本地项目	外地项目	本地项目	外地项目
参与人数	134360	11021	94755	19142

资料来源：澳门特别行政区教育暨青年局。

表4　第一阶段与第二阶段参与计划的人次及比例

	第一阶段		第二阶段	
课程类别	总参与人次	于计划占比%	总参与人次	于计划占比%
证照考试	5422	1.79	4798	2.17
继续教育	279314	92.29	206533	93.36
高等教育	17923	5.92	9893	4.47
合计	302659	100	221224	100

资料来源：澳门特别行政区教育暨青年局。

二、澳门特区继续教育在大湾区的机遇：以澳门特区与江门市为例

粤港澳大湾区（以下均简称大湾区）具有开放性、包容性、创新性等特征，对提升澳门特区的继续教育有着至关重要的引擎作用。大湾区的发展建设不仅加深了澳门特区高校与大湾区高校的交流合作，也为中国内地专家学者来澳门特区交流或者澳门特区本地居民进入大湾区学习提供了许多便利措施。同时，大湾区的经济活力不仅能解决澳门特区继续教育所存在的“鲇鱼效应”的问题，还能推动澳门特区储备继续教育人才。提升受教育者的学习水平和就业能力，为澳门特区未受教育者或者在职人士的实践、就业创造更多的条件与环境，让他们拥有更宽广的实践平台与发展空间，也有更加丰富多彩的发展选择，从而大力提升澳门特区的教育质量。《规划纲要》的出台，让大湾区各个城市的继续教育有了更好的教育环境与制度保障，有利于三地高校教育更紧密地进行交流合作，早日实现大湾区的可持续发展。

澳门特区位于广东省珠三角西南面，是一个拥有特殊地理位置和政治地位的沿海城市。澳门特区也是一个国际自由港，其著名的旅游业、酒店业和娱乐场使其近年来经济发展快速、城市日益繁荣，成为世界最发达、最富裕的地区之一。澳门特区政府因此拥有丰厚的资金可以投入教育领域。同时，澳门特区高等教育机构国际化的程度高、发展空间大。由于澳门特区处于中西方文化荟萃之地，其高等院校的教学和课程更容易与国际接轨。例如，澳门大学（University of Macau）是澳门特区唯一的公立综合性大学，目前也是大湾区西岸唯一一所同时进入泰晤士高等教育大学排名（全球前 400 名）和 QS 世界大学排名（全球前 500 名）的高校。澳门大学具有国际化办学特色，对大湾区西岸的高等教育发展起到引领作用，其持续进修中心（中国内地大学的继续教育学院）具有丰富的产业人才培养经验。除此之外，澳门特区市场特色人才占比高，综合度假村酒店行业具世界一流水平。在 2017 年 QS 世界大学款待及休闲管理专业排名中，澳门旅游学院位列亚洲第二，为澳门特区市场培育了许多具有国际视野、服务国际旅客的专业人才。

然而，因为澳门特区的面积仅有约 33 平方千米，土地资源稀缺是其一大“短板”，加上人口密度大（澳门特区人口密度每平方千米约 20000 人）、自然

资源有限，旅游业、博彩业极为发达，造成澳门特区产业结构相对单一、基层劳动力需求紧缺的局面。而且澳门特区本地市特区场小，一定程度上限制了高等教育朝全球顶尖发展的规模和土壤，因此不论是在高等教育或是在继续教育方面，澳门特区需要更大的平台与更大的发展空间。

而江门市位于珠江三角洲西岸城市中心，常住人口约500万，是中国著名的侨都。根据江门市的侨情调查显示，五邑籍中国澳门同胞有约20万人。江门市全市总面积约1万平方千米，已开发的建设用地不到12%，拥有丰富的土地资源和优美的生态环境。不仅如此，江门市还是国家环保模范城市，其水资源和生物资源在珠三角得天独厚，近年来，政府正积极探讨江门转型升级的可能。

但同时，因为江门市所处的地理环境的缘故，江门市的产业结构与商业模式以较低附加价值的农业为主，导致其产业层次不高。总体来说，江门市经济规模总量偏小，创新驱动能力尚待提高，其经济发展水平在珠三角地区相对落后。除此以外，江门市政府对其教育与科研领域的投入力度不够大，使江门市的教育模式发展相对较慢，本地高等教育机构数量少且难以达到国际化水平，缺乏国际化专业人才的问题比较突出。

大湾区的建设不仅能够加强珠三角地区与粤东西北地区的合作互动，还能促进各个城市之间优劣资源互补，澳门特区和江门市就是一个很好的例子。澳门特区有江门所缺乏的经济活力和国际化的高等教育水平，而江门市有澳门特区所需要的充足劳动力和优质自然资源，若两地加强合作，实现资源互补，必定能达到“1+1>2”的效果。以继续教育可以开展合作的领域为例，①经济管理类教育：近期江门经济管理学院开启与澳门特区高校人才培养和专业建设的新模式，其设施管理专业模块班正式进入实施阶段。该课程分为理论和实践课程两个部分，理论课程由澳门管理学院教师到五邑大学授课，而实践课程则是在澳门特区及香港特区的企业和行业组织等机构完成。该课程既能将澳门特区卓越的师资引入江门市，帮助江门市高等教育的发展，又能借助江门市提供的良好的教学环境与先进的设施设备，实现两地深化合作。②旅游管理与职业技术教育：江门市拥有得天独厚的生态环境和自然资源，旅游业发展潜力和提升空间大，具有良好的未来前景。但由于江门市没有对其旅游产业进行高附加价值的开发运用，导致其旅游产业发展存在定位不清晰、总体形象不鲜明等问题，未能使其旅游产业实现高附加价值的开发运用。因此，江门职业技术学院积极与澳门旅游学院进行合作，推动成立粤港澳大湾区旅游职业教育联盟，依托澳门旅游学院的国际化人才优势，提升粤港澳大湾区旅游人才培养质量。该联盟在2018年9月顺利开展第一期培训课程，标志着两地合作的实质性推进。该课程以澳门特区职业技能认可基准（MORS）为培训内容，并计划在此基础上开展职业技能认证，培养更多的与国际接轨、粤港澳大湾区通用的旅游技能人才。如果未来两地能够开展更多的该类型的培训项目，并不再只是面向江门市在校学生，同时将社会人士、在职人员纳入授课范围，为其提供一个再学习、再进修的机会，培养更多的与国际接轨、粤港澳大湾区通用的旅游技能人才，将更有利于推动两地继续教育事业的发展，提升提供粤港澳大湾区的整体教育水平。③科技创新战略伙伴：除此之外，江门市在粤港澳融合的人缘优势突出，拥有丰富的侨务资源，可以作为一个有效的桥梁，加强湾区内各个城市的联系。例如，由澳门大学、北师大联合学院（UIC）以及五邑大学于2018年共同组建的“粤港澳大湾区西岸科技创新和人才培养合作联盟”（西岸科教联盟），该联盟以“促科创、育人才，联西岸、建湾区”为理念，其成立目的是整合西岸的科技和教育资源，共同培养创新科技人才，深化两岸高校的教育合作，实现大湾区区域协调发展。西岸科教联盟启动之初，广邀粤港澳大湾区西岸高校入盟，之后再逐步有序拓展至联动科研院所及企业单位。该联盟的组建不仅有利于湾区高等教育的发展，对于两地的继续教育事业也起到积极的推动作用。

澳门特区和江门市可以充分考虑双方的优势与特点，将澳门特区的国际化教育水平与经济活力和江门市丰富的资源与先进的设施设备进行有机结合，从而达到“1+1>2”的效果。例如在澳门特区持续进修发展计划的外地项目中，尝试加入更多澳门特区与江门市合作的教育项目，促进高校与企业合作，丰富其继续教育的课程内容，为澳门特区居民提供更多元化的选择；或者将澳门特区的授课模式与优秀师资引进江门市的继续教育课程中，利用现代信息技术手段，突破空间和时间的障碍，让澳门特区与江门市两地的继续教育共同发展。

三、总结

随着知识经济这一理念逐渐全球化，大湾区也向着终身学习型和可持续发展型的方向发展。如今，继续教育受到越来越多的居民以及社会各界人士的重视，人们开始意识到终身教育的重要性。为了推动学习型社会的建设与大湾区的可持续发展，继续教育的发展理念同样需要与时俱进，需要不断加入新的学习内容。

如今，社会的竞争发展基于教育的更替发展，受教育者不仅需要掌握全面的职业技能，还需要具备良好的职业道德与素质，只有通过不断的学习才能提升个人以及社会的竞争力。因此，健全继续教育的模式、普及终身教育的思想是当前大湾区内各个城市的首要任务。以澳门特区和江门市为例，两地可以将各自的地域优势和资源优势进行有机结合，建立具弹性、多层次以及多选择的教育合作交流模式，为两地营造一个良好的学习氛围。同时，还要结合现代化的教育方法，融入学习、家庭、社会三位一体的继续教育观念，从多个角度满足不同受教育者多样化的学习需求，达到学以致用的目的。《粤港澳大湾区发展规划纲要》的出台，为继续教育的发展提供了良好的执行环境与制度保障，使人们再学习再进修的环境更加开放和包容。两地政府在优化继续教育体系、改革继续教育课程的同时，也要建立相应的教育系统评估机制，只有这样才能有效地整合各地教学资源，提升师资水平，为大湾区发展学习型社会打下坚实的基础。

参考文献

［1］刘丁已. 终身雇用式微　王道持续进修［N］. 澳门日报，2018-09-09.

［2］郑庆云. 澳门永续成人教育发展策略初探［A］// 第十一届海峡两岸继续教育论坛论文集［C］. 2010.

［3］梁成安，冯敏慧，杜浩芝. 澳门持续教育体制的问题及改善措施［A］// 第十五届海峡两岸继续教育论坛论文集［C］. 2014.

［4］安雪慧. 澳门持续进修发展计划的实施与成效［J］. 中国成人教育，2018（1）：100-104.

［5］澳门特别行政区教育暨青年局. 2014～2016“持续进修发展计划”［EB/OL］.

(2016-02-29). http//www. dsej. gov. mo/pdac/2014/statistic. html.

[6] 持续进修发展计划. 澳门特别行政区第 16/2011 号行政法规（2017）[EB/OL]. http：//bo. io. gov. mo/bo/i/2011/27/regadm16_cn. asp.

[7] 2014—2016 “持续进修发展计划”. 澳门特别行政区第 10/2014 号行政法规 [EB/OL]. http：//bo. io. gov. mo/bo/i/2014/17/regadm10_cn. asp.

[8] 澳门特别行政区教育暨青年局. “持续进修发展计划” 执行情况 [EB/OL]. http：//portal. dsej. gov. mo/webdsejspace/addon/msg/Msg_link_page. jsp? msg_id=38699.

[9] 荣健欣. 新时代粤港澳大湾区的开放使命 [J]. 中山大学学报，2019（2）：59.

[10] 沈阳. 基于学习型社会建设的继续教育研究——以粤港澳大湾区为例 [J]. 黑龙江教育学院学报，2018（2）：144-146.

[11] 刘作珍，梁育民. 江门在粤港澳大湾区中的定位及发展建议 [J]. 江苏师范大学学报，2018（9）：121-127.

江门市与澳门特区合作推进粤港澳大湾区建设的条件与策略

李　响*

摘　要：粤港澳大湾区建设对于地处大湾区西部的江门市和澳门特区既是机遇也是挑战。两地充分发挥比较优势，有效整合资源，在具有特色优势的领域寻求合作，不仅关乎两地的发展，而且对粤港澳大湾区东西部协调发展具有现实意义。本文在回顾城市群发展理论研究的基础上，通过分析粤港澳大湾区建设背景下江门市与澳门特区合作的优劣势条件，提出两地在建设新型合作平台、推动特色产业合作和改革创新合作机制等方面的策略建议。

关键词：粤港澳大湾区；合作；条件；策略

一、引言

《粤港澳大湾区发展规划纲要》（以下简称《规划纲要》）于2019年2月18日正式发布。经过40多年改革开放，粤港澳大湾区已成为我国对外开放度最高、经济活力最强的地区之一。通过粤港澳大湾区建设，打造世界级城市群，搭建跨境新型合作重大平台，是探索对外开放新模式和完善社会主义市场经济的重要举措，也是建设“一带一路”的枢纽和持续推进国际化的重要基石。粤港澳大湾区建设还有另一个国内其他重大区域发展平台不具备的特征，即它是实施“一国两制”的重要保障，对实现香港特区、澳门特区

* 李响，经济学博士，五邑大学经济管理学院国际经济与贸易专业教师，江门经济研究中心副主任，江门市重大决策专家咨询委员会委员。

长期繁荣稳定，增强凝聚力具有重要作用。

《规划纲要》对粤港澳大湾区的城市群发展总体规划是“三级”城镇发展格局，即中心城市、重要节点城市、特色城镇。对于大湾区内部的地级城市而言，面对这个重大发展机遇，首要任务是找准在大湾区中的功能定位，利用自身优势资源，寻求城市间的合作互补，实现差异化、特色化发展。

珠三角城市群改革开放四十年逐渐形成了“东强西弱、东重西轻”的格局，并且近年来珠三角东西部发展不平衡仍有加剧趋势。这与政策导向、区位交通、市场需求、资源条件和产业基础都有关系。江门市与澳门特区同属珠江口西岸城市，由于“侨”的因素，两地有深厚的人脉基础和良好的合作条件。改革开放初期到20世纪90年代中后期，两地合作的主要形式是澳门特区借助“侨”的管道，资助江门市建设教育、医疗、社会服务等公益事业。21世纪以来，澳门特区在江门投资实体经济开始增多，合作领域和模式逐步多样化。在粤港澳大湾区建设的新时代，研究梳理资源条件，进一步寻找具有特色优势的合作机会，以促进两地共同发展和打造珠江西岸新的增长极，不仅对于两地的发展有重要意义，而且对于粤港澳大湾区整体的协调发展具有现实意义。

二、相关理论研究及启示

（一）粤港澳大湾区城市群建设的理论基础

粤港澳大湾区的湾区城市群是基于特定的海湾区域内，以自然禀赋的特殊性为基础，而形成的要素高度集聚和经贸高度一体化的特殊城市群。20世纪60年代就有以巴拉萨（Bela Balassa）为代表的经济整合理论（The Theory of Economic Integration）。按照这种区域经济一体化的经典理论，城市群的形成过程是经济整合的必然结果。世界级城市群的形成通过功能整合和制度整合两种手段实现。功能整合主要依靠市场力量的独立推动，稳定性较差；制度整合是指在专门机构的指导下，通过建设一系列的政策安排和规划指导体系，为区域一体化的发展和湾区城市群的最终形成提供稳定可靠的制度保障。

Gilles Duranton 和 Diego Puga（2003）在探索城市群集聚过程中总结聚集

效果的影响因素，包括市场化程度、城市的规模和竞争能力。资源和其他经济要素需要通过市场引流汇聚到最好的区位；城市的土地、水电、交通等资源和基础设施承受能力有限，决定城市群能够扩展的规模；城市的竞争力决定创造经济效益的能力和城市的吸引力。Patricia C. Melo 和 Daniel J. Graham（2008）从宏观角度研究分析城市群与城市群之间的关系，认为每个城市群都有自己的专业分工和带有城市群特色的市场，需要通过加强彼此的横向联系，互补发展以取得效益最大化。刘成昆（2017）通过粤港澳大湾区和国外发展完备的湾区对比，指出粤港澳大湾区的优劣势，并认为深圳、广州和香港特区三个主要的经济体应该明确各自的分工与合作项目，发挥核心城市的强大影响能力，磨合各自的市场差异，使湾区发展的协同、复合效应达到最大化。李中乐（2018）解析我国城市群逐渐形成的过程，通常先是产业发展集聚造就一两个实力较强的龙头城市，然后龙头城市给周围小城市和地区带来市场需求和资源辐射，推动多个城市崛起，最后形成城市群，并认为在该过程中政府的有效的产业规划可以起到加速城市群形成和合理布局的作用。

（二）关于粤港澳大湾区发展的近期研究

张胜磊（2018）指出粤港澳三地的政治经济体制存在差异，需要把共同利益放在首位，化解体制带来的冲突。同时要鼓励市场竞争为主，减少计划干预。卢佩莹、王波（2018）在研究粤港澳三地相互连接的交通线路发现：在信息衔接层面，香港西九龙站展现出更好的国际化形象与对特殊人群的人文关怀；在设施和服务衔接层面，深圳北站与香港西九龙站以商场作为公共交通换乘点/路线连接点的设计，优化了换乘环境；基于调研结论提出相关建议以提升高铁站点城市公共交通接驳水平，以起到推动湾区发展的作用。李超（2018）指出粤港澳湾区下一阶段的建设工作：一是建立符合国际通用规则的全方位对外开放新体制；二是充分发挥香港特区和澳门特区多年对外贸易所建立起来的地区合作关系和市场经验，与“一带一路”国家进行更为有效的交流合作；三是以港澳自由贸易港和粤港澳大湾区建设为契机，探索推进自由贸易港的扩容扩围。袁慧琴（2019）认为，加强以中华优秀传统文化为基础和核心的区域文化软实力是必选路径，是支撑粤港澳大湾区繁荣稳定的铸魂工程。汪行东（2019）认为，湾区城市群的整合重点领域在于城镇空间整合、产业分工与协作、基础设施建设以及生态环境保护四个方面。

（三）关于江门市参与粤港澳大湾区的对策研究

周海燕（2016）认为，江门市参与大湾区发展，应首先建设交通线路，包括东西两地的高速公路网络、高铁线路、港口对接等。刘作珍和梁育民（2018）在研究江门市在粤港澳大湾区中的定位及发展建议中通过分析江门市在粤港澳大湾区建设中的基础和优势，以及其经济发展遇到的问题，认为江门市应定位为珠西综合交通门户，先进装备制造业产地，粤港澳大湾区文化旅游目的地，并为实现江门市提出加快交通设施建设、提升落实“珠西战略”、实现大广海湾发展定位，探索发展飞地经济、打造世界级旅游区等建议。张倩文（2018）在粤港澳大湾区背景下江门市海洋经济发展的研究下江门市作为珠三角海洋资源大市具有较明显的资源优势，建议江门市要吸引和培养海洋专业人才，并积极改善海洋基础设施建设，同时注重创办海洋研究机构以及发展特色海滨旅游业，培养自身独特的海洋竞争力，促进自身海洋经济向更好、更快、更健康的方向发展。张玉荣（2018）认为江门市要从三个方面解决进一步开放问题：一是对香港特区、澳门特区的开放，在深（中）江通道、港珠澳大桥建设优化了交通对接的基础上，加强与香港特区、澳门特区在经济、文化、政务和营商环境等层面对接；二是对周边城市的开放，江门市建设珠西综合交通枢纽，与周边城市实现共赢；三是居民的开放问题，调动居民的积极性。

（四）相关研究的启示

现有的研究从理论基础和方法上大多数来源于20世纪60年代开始形成的区域经济学主流理论体系，如中心—外围理论、城市群理论、集聚效应、规模经济理论等。从一定程度上可见，主流的区域经济学理论对粤港澳大湾区的建设发展以及研究城市群之间的竞争合作关系仍有重要的指导意义。

目前的世界三大湾区——纽约湾区、旧金山湾区、东京湾区体现出湾区经济的如下特征：经济高度发达，创新资源集聚；生态环境优质，人口红利持续；基础设施完善，交通路网发达；区域功能明确，“去中心化”特征明显。然而，在粤港澳大湾区建设发展和世界级城市群形成的初期，粤港澳大湾区并没有“去中心化”的特点或规划思路。相反，《规划纲要》明确提出香港特区、澳门特区、广州市、深圳市是四个“中心城市”。中心城市拥有集聚经济效益，实现经济社会分工，促进资金、技术、设施等资源高效、快速流动的优势，要发挥优势谋求更高水平发展，增强对城市群其他城市的辐射发展的带动作用。同时，《规划纲要》对中心城市的分工定位是非常明确的。例如，澳门特区建设世界旅游休闲中心、中葡经贸合作平台，建设以中国文化为主流、多元文化共存的交流合作基地。对于重要节点城市之一的江门市，要充分发挥自身优势，深化改革创新，提升城市综合实力，并加强与中心城市的互动与合作，促进周边特色城镇的发展，共同提高城市群发展品质。也就是说，作为中心城市之一的澳门特区和作为重要节点城市之一的江门市都必须根据自身的比较优势，找准发展定位，制定切实的政策措施，推动各自实现在大湾区中功能定位目标，否则就会失去机遇，再次出现资源被其他中心城市“深度虹吸”和发展差距被进一步拉大的局面。

三、江门市与澳门特区合作推进粤港澳大湾区建设的优劣势条件

（一）优势条件

1. 江门市承东启西，是大湾区辐射粤西的必经之地

江门地理区位比较特殊，是粤港澳大湾区中“连接东西”的关键节点，是珠三角核心区去往粤西地区的必经之地，随着交通基础设施的建设完善，将与广佛都市圈、港深、江珠澳共同构成大湾区的“金三角地带”。江门市与中山市、佛山市实现半小时生活圈，与广州市、珠海市等主要周边城市能实现一小时生活圈，江门市在能够享受到周边主要发达城市的配套设施和服务的同时，也为大湾区中心城市辐射带动周边城镇和区域提供了一个广阔的腹地通道。因此，江门市是粤港澳大湾区西部名副其实的“枢纽型节点城市”。

2. 江门市空间广阔，土地承载力优势明显

江门市土地面积达 9505 平方千米（见表 1），海域面积达 2886 平方千米，大陆岸线长 420 千米，约占珠三角的 1/4。江门全市土地开发强度仅为 12.5%，土地开发强度仅为珠海市、中山市和佛山市的 1/3，具有广阔的发展空间。其中，规划面积约为 3240 平方千米的大广海湾经济区是广东省规模最大的省级重大发展平台，目前开发强度约 5%，适合建设新型区域合作平台，

尤其适合作为粤港澳大湾区改革创新合作体制机制，为香港特区和澳门特区拓展发展空间的试点地区。

表 1　江门市与大湾区部分城市土地等资源比较

	土地面积（平方千米）	海域面积（平方千米）	大陆岸线（千米）	土地开发强度（%）
江门市	9505	2886	420	12.5
珠海市	1701	6019	691	>30
中山市	1784	176	57	>30
佛山市	3875	96	61	36
广州市	7434	434	550	21

资料来源：根据《广东统计年鉴 2019》、各城市自然资源局提供的资料整理。

3. 华侨资源丰富，文化底蕴深厚

江门市是著名侨乡，到外劳务人员较多，江门籍华侨华人遍布世界各地，创新创业环境良好。江门籍侨胞和港澳台同胞约 400 万人，分布在世界 107 个国家和地区。根据江门市外事侨务局数据，中国香港同胞约 130 万人，中国澳门同胞约 19.8 万人，分别约占两地总人口的 1/5 和 1/3。江门市丰富的侨资源是促进粤港澳大湾区融合发展重要的人缘优势。改革开放以来，海外华人资金一直是江门市引进外商投资的主要来源，华侨企业占江门市外商投资企业总数的近 90%，是江门市经济发展的一大主力军。

4. 江门市工业基础雄厚，行业门类齐全

江门市制造业经过多年优化发展，逐步形成了较为合理的体系结构，出现了一大批知名企业和产品，例如雅图仕印刷、维达纸业、大长江摩托车制造、美雅、大冶等。机电一体化、光电、食品、造纸、纺织、化工、日用轻工业等行业成为经济发展的重要支柱。装备制造、电子信息、纺织服装、建材、造纸、食品六大制造业支柱产业占江门市工业总产值 70%以上，其中相当一批产业和产品市场占有率和出口规模名列广东省乃至全国前茅。总体来看，江门市制造业门类较齐全，产业基础雄厚，是粤港澳大湾区重要的制造业基地。江门市的制造业基础适合江门市与澳门特区合作拓展新的实体经济项目，合作推进澳门特区的产业适度多元化和江门市的传统优势制造业转型升级。

5. 江门市与澳门特区文旅协同发展基础良好

江门市与澳门特区的文化及旅游资源具有互补性。两地都拥有世界文化遗产，江门市有山、海、泉、林等丰富的自然资源和良好的生态环境，澳门特区有成熟的旅游业、会展业、餐饮、酒店业的管理体系和丰富的行业发展经验。从已经开展的文化产业和旅游业合作项目来看，除了开发新的精品旅游路线和产品之外，两地在文旅协同发展方面还有广阔的合作空间。除此之外，由于江门籍中国澳门同胞在教育、医疗、文化、社会服务等领域与江门市保持着长期联系与合作，这些领域也成为两地合作推动粤港澳大湾区建设可以优先考虑且相对容易“落地”的领域。

（二）劣势条件

1. 当前发展水平在大湾区中相对落后

粤港澳大湾区内部已形成差异化发展态势，城市之间的经济总量绝对差距呈扩大趋势；大湾区总体呈现多中心形态，但西部地区经济相对落后。江门市在粤港澳大湾区城市群的综合发展水平较低，属于欠发达地区，经济规模指标及人均生产总值与中心城市差距较大，在同类重要节点城市中排名也较低。同时，江门市与澳门特区都处于大湾区西部，如前文所述，大湾区东西部发展不平衡的现状对未来集聚优质生产要素，推动区域加速发展和缩小东西部发展差距将形成较大程度的制约。

表 2　2018 年粤港澳大湾区各城市主要指标比较

城市	人口（万）	GDP（亿元人民币）	人均 GDP（万元人民币）	城镇化水平	城市定位
香港特区	745.1	28390 亿港元	38.1 万港元	>85%	区域中心城市
澳门特区	66.75	4403 亿澳门元	66.6 万澳门元	>85%	区域中心城市
广州市	1449.8	22859	15.6	>85%	区域中心城市
深圳市	1252.8	24222	19.0	>85%	区域中心城市

续表

城市	人口（万）	GDP（亿元人民币）	人均 GDP（万元人民币）	城镇化水平	城市定位
珠海市	176.6	2915	15.9	>85%	重要节点城市
佛山市	765.7	9936	12.8	>85%	重要节点城市
惠州市	477.7	4103	8.5	<70%	重要节点城市
东莞市	834.3	8279	9.9	>85%	重要节点城市
中山市	326.0	3633	11.1	>85%	重要节点城市
江门市	456.2	2900	6.3	<70%	重要节点城市
肇庆市	411.5	2202	5.3	<70%	重要节点城市

资料来源：各城市统计部门及 2019 年《国民经济与社会发展统计公报》。

2. 创新资源相对匮乏，经济发展缺乏新动力

粤港澳大湾区包括的珠三角城市群产业带是由东岸知识密集型产业带、西岸技术密集型产业带和沿海生态环保型重化产业带组成。其中，东岸知识密集型产业带是指广州东部和中部—东莞—深圳等东岸地区，以现代服务业、战略性新兴产业和高科技产业为主；西岸技术密集型产业带是指广州北部和南部—佛山—中山—珠海等西岸地区，以现代服务业、装备制造业和优势传统农业为主；沿海生态环保型重化产业带是指惠州—深圳—珠海—江门等三角沿海地区，以重化工、现代服务业、先进制造业为主。目前，粤港澳地区拥有超过 200 所普通高校和 200 万在校大学生，并有一批海内外知名高校，其中世界排名前 100 强的大学就有 5 所，为大湾区发展提供了强大的人才智力支撑，但高校分布不均衡，高校数量上主要集中在广州市，知名高校主要集中在广州市、香港特区。根据广东省 2017 年的专利数量数据，江门市和澳门特区分别为 318 件和 28 件，而广州市、深圳市分别达到 35000 件和 25000 件以上，差距较大。

3. 江门市和澳门特区都面临产业转型升级的难题

近年来，江门市的规模以上工业增加值增速不断下滑，由 2011 年的 17.2%降至 2018 年的 8%左右，工业对地区经济增长的支持作用明显减弱。

江门市的新兴产业发展较缓慢，对大专案、新项目、新技术的引进成效不大。近年虽大力引进和发展如轨道交通装备、新能源、新材料、LED 等产业，但目前这些产业仍处在幼苗阶段，均未能进入江门市的前十大行业，尚不足以支撑和引领全市经济发展。江门市中小微企业居多，企业普遍对研发投入意愿不高。相当数量的企业认为科技研发投入所需资金多、风险高、回收期长，短时间难以见效，对于研发机构建立、自主知识产权和核心竞争力考虑较少。从研发活动看，外资龙头企业多从事“外源技术的本地化”的研发活动，而本地的中小企业尚无力开展大规模、高水平的自主研发，企业研发动力和实力不足，大部分核心技术和关键配套产品依赖国外供给。

澳门特区方面，产业适度多元化发展和优势产业升级发展是近年来众多文献研讨的焦点问题。通过产业适度多元化，有效整合资源，带动澳门特区传统优势的博彩业、会展业、旅游业、酒店业、金融业、餐饮业转型升级，为澳门特区经济社会发展注入新动力、新活力已成为澳门特区政府和企业界的共识与愿景。然而，现实的难题是粤港澳大湾区各城市对创新要素和优质资源的争夺势必越发激烈，而当前支撑经济发展的仍是那些传统支柱产业，转型升级发展道路漫长，不可能一蹴而就。

四、江门市与澳门特区合作推进粤港澳大湾区建设的策略和建议

从前述分析可见，在经济规模、科技水平、产业水平、创新资源等方面，江门市和澳门特区在粤港澳大湾区中都处于相对劣势，而两地合作的空间或优势条件在于一些特色产业以及江门市拥有较大量可连片开发土地和较优质的生态环境资源。因此，客观理性地看待粤港澳大湾区带来的机遇与挑战，找准合作领域，是两地开展新一轮合作的首要任务。

《规划纲要》的重点任务和措施总体上围绕着以下六个方面：推进基础设施互联互通、提升市场一体化水平、打造国际创新中心、构建协同发展产业体系、建设新型重大合作平台、共建宜居宜业宜游生活圈。根据两地的发展基础，按照充分发挥比较优势的原则，笔者认为两地合作应重点着眼于构建协同发展产业体系、建设新型重大合作平台、共建宜居宜业宜游生活圈这三方面。

（一）共同谋划建设粤澳新型合作平台

在江门大广海湾经济区的启动区之一——新会银湖湾滨海地区共同推动建设新型合作平台，探索粤澳合作发展新模式。加强两地科技创新、文化教育等资源的交流合作，建设面向香港特区、澳门特区居民和世界华侨华人的引资引智创业创新平台。进一步深化落实江门市与澳门特区政府签署的《关于推进粤澳（江门）产业合作示范区——绿色经济深度合作框架协议》，推动两地绿色经济合作，加快粤澳（江门）产业合作示范区建设，引进国际先进环保技术，建立特色资源新材料回收利用基地，打造国际节能环保产业集聚地。

江门市可利用现有的“侨梦苑”平台，整合全市科技园区，拓展“侨梦苑”发展载体，完善“侨梦苑”联动机制，统筹运用全市侨务、社团资源，积极对接香港特区、澳门特区，建立创新创业交流机制，依托“双创”平台以及世界江门青年大会，通过设立“侨创基金”，参与大湾区知识产权信息交换机制和新型共享平台建设，为澳门特区创业及中小微企业、初创企业提供服务。澳门特区可利用与葡语国家经贸合作机制的优势，协同江门市进一步强化“中国与葡语国家商贸合作服务平台”建设，发挥江门市作为粤港澳大湾区重要的农产品基地和特色产品丰富的优势，搭建江门市特色农产品出口葡语国家的新管道。

（二）共同拓展金融、文旅、环保、康养等特色产业合作

在现有合作项目的基础上，深化和拓展体现两市资源特色的产业项目合作。持续推进江门市与澳门特区金融合作，共同搭建“跨境金融服务平台”。江门市要主动承接澳门特区金融后台业务转移，加强与外汇管理部门对接，争取成为外汇管理改革试点地区。江门市应加快推进全国小微企业信用体系建设试验区建设，支持参与信用评级企业通过与澳门特区金融机构合作，加大力度探索建立区域征信机构备案和征信产品互认机制，引导企业利用信用评级走向国际金融市场。

两地可推动旅游、酒店等专业技术教育和培训工作，共同研究制定粤港澳大湾区旅游行业资格标准，将澳门特区职业技能认可基准（MORS）引入中国内地，培养与国际接轨、粤港澳大湾区通用的旅游技能人才。深化建设

“一程多站”式“世界文化遗产之旅”精品旅游路线和旅游产品，探索将澳门特区重要的年度文体盛会移入江门市同步上演。拓展两地历史文化研究的合作与交流，以华侨文化元素为纽带，共同挖掘、整合两地历史、文化、旅游资源，为建设“人文湾区”“开放湾区”“多元湾区”贡献两地特有的力量。

江门市可以充分利用“澳门国际环保合作发展论坛及展览”等平台，加强与澳门特区环保产业协会等机构的对接，引进国际先进的废物处理、循环利用等新型环保技术，促进江门市传统产业优化升级。

两市在健康养生和养老服务领域也有广阔的合作空间。两市可共建“互联网+健康”服务平台，引进澳门特区及海外健康产业资源，打造以健康服务为主题，融合商业购物、休闲娱乐、旅游度假等复合功能的高端健康服务基地。依托江门市大健康国际创新研究院、江门市新会陈皮研究院等院所和特色温泉资源，打造国际化医疗养生基地。推动江门市国际健康科技城项目建设，加快中国科学院国家纳米科学中心与市中心医院的合作进展，打造粤港澳大湾区西翼医疗中心。江门市应加快推进养老领域“放管服”改革，落实民办社会福利机构各项扶持优惠政策，鼓励社会资本尤其是香港特区、澳门特区资本进入养老服务领域。

（三）共同推动合作机制改革创新

在《规划纲要》和各项粤澳合作协议的框架内和指导下，积极探索各领域合作机制的改革与创新。江门市要加快推进投资便利化和贸易自由化改革，进一步拓展商事登记直通车业务的香港特区、澳门特区合作对象，积极发展外贸新业态新模式，力争成功申报跨境电商综合试验区。

加强和创新社会治理合作，建立江门市与澳门特区法律服务交流协作沟通和法律服务人才引进机制，拓宽粤港澳大湾区法律人才交流合作的管道，加强大湾区涉港澳人士维权诉求矛盾纠纷排查、预警分析分析、协调化解工作。探索完善在江门市就业的香港特区、澳门特区人员参加企业职工养老保险待遇领取地和继续缴费地有关政策，探索澳门特区社会保险跨境使用。争取国家和广东省支持将粤港澳大湾区内流动就业的澳门特区户籍人员纳入灵活就业人员的参保范围。

要充分发挥澳门特区的江门籍社团作用，定期收集澳门特区各界对两地合作推进粤港澳大湾区建设的意见和建议，开展政策宣传，推动投资需求对接等工作，建立两地工商企业界、专业服务界、学术界的联系机制。

参考文献

[1] Bela Balassa. The Theory of Economic Integration [M]. London: Allen & Unwin Press, 1961: 28.

[2] Duranton G., Puga D. Diversity and Specialization in Cities: Why, Where and When Does it Matter? [J]. Urban Studies, 2003, 37 (3): 533-555.

[3] R. Cohen. The International Division of Labor, Multinational Corporation and Urban Hierarchy [C]. Urbanization and Urban Planning in Capitalist Society, 1981: 287-315.

[4] Friedman Wolf G. World City Formation [J]. International Journal of Urban and Region Research, 1982, 6 (3): 309-344.

[5] 周跃辉．打造新时代高质量发展的粤港澳大湾区——《粤港澳大湾区发展规划纲要》解读 [J]. 党课参考，2019 (6): 42-64.

[6] 彭芳梅．《粤港澳大湾区发展规划纲要》解读与启示 [J]. 特区实践与理论，2019 (2): 78-82.

[7] 蔡赤萌．粤港澳大湾区城市群建设的战略意义和现实挑战 [J]. 广东社会科学，2017 (4): 5-14, 254.

[8] 许姣丽，吴康梅，邵诗敏．粤港澳大湾区建设背景下江门主导产业的发展机遇与挑战 [J]. 广东经济，2019 (2): 40-45.

[9] 刘成昆．融入城市群，打造湾区经济——粤港澳大湾区城市群发展分析 [J]. 港澳研究，2017 (4): 55-60, 93.

粤港澳大湾区城市合作机制探讨：对澳门特区与江门市加强合作的思考

吕开颜*

摘　要：澳门特区与大湾区其他城市相比，经济规模较小，经济结构较单一，从长远来看缺乏可持续发展的内生增长动力。《粤港澳大湾区发展规划纲要》的推出，可以让澳门特区借此机会融入大湾区建设，从而推动自身经济多元发展，达到与大湾区内城市共赢的结果。本文回顾以往粤澳合作的历程，在承认存在制度差异的前提下，分析两地如何打破行政体制对要素流动的限制。尤其，考虑到澳门特区与江门市之间有深厚的人文历史渊源，澳门特区应加强与江门市在合作机制的顶层设计，结合江门市的后发优势，以务实合作的态度共同探索粤港澳大湾区区域合作的新模式。

关键词：粤港澳大湾区；区域合作；顶层设计

一、粤澳合作的发展现状

粤澳两地于2001年建立“粤澳高层会晤制度”，并设立粤澳合作联络小组作为常设机构，后于2003年建立“粤澳合作联席会议制度”的合作机制，取代过去的“粤澳高层会晤制度”。为推进两地合作，粤澳两地政府于2011年在北京签署《粤澳合作框架协议》，到2019年国务院又颁布《粤港澳大湾区发展规划纲要》，中央政府始终都高度关注澳门特区与广东省的区域合作。因为中央的高度重视，澳门特区也抓住横琴开发与港珠澳大桥建设带来的发

* 吕开颜，澳门理工学院社会经济与公共政策研究所副教授。

展机遇，务实推进区域合作，取得了一定的成绩。

回顾历史，从最初的顶层设计考虑，粤澳两地合作可以形成优势互补，促进澳门特区经济多元发展，维护澳门特区社会的长期繁荣稳定，从而丰富和完善“一国两制”在澳门特区的实践。但是，在肯定取得成绩的同时，我们必须直视区域合作的过程中所暴露的问题。2015 年“两会”期间就有澳门特别行政区全国政协委员指出，横琴的发展模式偏离原来中央为珠澳合作制定的政策目标，未能配合澳门特区经济适度多元发展的需要。澳门特区需要充分吸取横琴开发的教训，例如在规划过程中，澳门特区政府缺少参与，五平方千米粤澳合作产业园没有划定界限，澳门特区项目零碎分布在各片区，在规划上无法衔接。同时，在招商引资方面，澳门特区政府只有推荐权，而没有决定权和管理权，横琴的产业规划未能真正做到与澳门特区优势互补，错位发展，反而形成了正面竞争的关系。

珠三角经济带是我国市场化程度和规模最高的地区之一，但是，地方市场分割和地方保护主义依然阻碍生产要素的自由流动和跨地区的经济合作，将严重制约澳门特区与中国内地合作。从过去的合作历史来看，目前的合作机制尚有很多亟待改善的地方。首先，缺乏常设机构推动区域合作。当前合作架构看上去似乎很完善，但在合作项目的落实工作中，部门之间的对接协调存在困难，专责工作小组的作用不能完全发挥，很多项目没有人主动牵头。一些合作项目往往在一个小细节上因有关部门意见不一致后而停顿。其次，合作资金问题协调困难。在合作中，很多项目涉及资金问题，往往因为缺乏协调机制，造成经费分摊比重意见不一致而无法正常推进。当中，也有部分原因来自资金的跨境流动，受制于国家宏观金融政策，一时间内难以得到解决。最后，问责及评估机制有待建立。目前合作中，对专责部门并没有订立问责制度，这样有可能导致未来合作项目效果大打折扣。同时，合作项目的推进也没有评估机制，这需要特别关注。

二、澳门特区参与大湾区建设中面对的挑战

澳门特区作为一个开放型的微型经济体，整体经济实力相对较弱、资源禀赋和比较优势相对单一，所以在粤港澳大湾区城市群建设中，将面对不少

挑战和问题，值得引起重视。

（一）传统澳门特区社会趋于保守

回归以来，随着博彩业经营权开放和内地居民赴中国港澳地区“自由行”的推进，澳门特区经济取得了瞩目的发展。但由于传统澳门特区社会的保守心态，一般民众对区域合作热情和参与度不高；部分企业缺乏创新动力，因循守旧。这种状况与内地特别是广东珠三角地区近年大力推进的经济转型和创新驱动形成鲜明对比。这种心态不改变，将直接影响到澳门特区社会和企业对粤港澳大湾区城市群的参与度，影响澳门特区在湾区建设中的角色和功能定位。因此，需要大力推动社会民众特别是青年人增强竞争意识、竞争能力和国际视野。

（二）澳门特区经济规模较小，在区域合作中相对处于较不利位置

作为微型经济体，澳门特区受到土地和人力资源等生产要素匮乏的明显制约。在经济快速增长的背景下，土地短缺将进一步推高澳门特区的地价和房价，进一步拉高企业的经营成本，成为严重制约澳门特区经济发展“瓶颈”。与此同时，人力资源短缺的问题也日益凸显，各个行业均面临着人资短缺的情形。此外，澳门特区劳动人口素质相对偏低，严重制约着澳门特区经济的升级转型和新兴产业的发展。正因为如此，在区域合作与竞争中，澳门特区与邻近的珠三角西部地区的协调发展与错位发展难以取得突破，容易在粤港澳大湾区城市群建设中被边缘化。

（三）澳门特区企业规模细小，相对处于弱势状态

从企业规模来看，除博彩企业和个别金融机构以外，澳门特区企业总体规模偏小、竞争力偏弱。根据澳门中小企业协进会发表的《澳门中小微企业白皮书（2013 年度）》，澳门特区 57188 家企业中，大型企业（雇员在 200 人以上的企业）有 134 家，占企业总数的 0.23%；中型企业（雇员在 100 人以上 200 人以下的企业）有 194 家，占企业总数的 0.34%；小微型企业（雇员在 100 人以下的企业）有 56860 家，占企业总数的 99.43%。其中，大型企业多为外资企业，主要是港资、美资和中资企业，中小微企业主要是澳门特区本地企业。这些中小微企业受到本地市场环境的挤压，经营成本上升，融资困难，雇工不易，竞争力偏弱，因而难以参与区域合作并开拓发展空间。

（四）澳门特区城市建设和城市基础设施发展相对滞后，对澳门特区“一中心、一平台”建设构成“瓶颈”

从总体来看，目前澳门特区经济的蓬勃发展已对城市的交通网络、商业服务、环境建设等都提出了新的要求，澳门特区的城市建设和城市基础设施的发展已明显滞后，表现在城市空间日趋拥挤、交通运输堵塞、新旧城区发展有待协调、居民生活环境日渐恶化。其中，较严重的就是交通运输系统的严重滞后及不堪重负。目前，澳门特区的城市轨道系统正在建设中。特别值得重视的是，澳门特区作为国际旅游城市和区域性商贸合作服务平台，在对外交通联系方面受到明显的制约。澳门国际机场的规模较小，缺乏深水港，对外海空两路联系都要依靠香港特区或者内地。而澳门特区的电信基础设施较落后和互联网服务水平有待提升都使澳门特区未来的发展面对相当大的挑战。

三、推动澳门特区与江门市加强区域合作顶层制度设计的建议

区域合作建立在分工与协作的基础之上，是通过生产要素的自由流动推动区域内经济整体协调发展的过程。从理论上来说，依靠市场力量可以打破市场的隔离，促进区域经济合作。但是，我们也要正视中国市场化机制逐步成熟，形成统一的大市场，将会是一个漫长的过程。所以，客观事实使我们无法完全将解决珠三角区域合作的希望寄托在“市场万能”的神话之上。澳门作为全球博彩业中心之一，是中国市场化程度最高的城市，因此，融入大湾区建设无论是对港澳地区还是对内地而言，其重要性不言而喻。因此，经历了改革开放 40 年之后，进一步加强合作的突破口就在制度创新，通过完善区域合作的顶层制度设计，达到大湾区城市群内生产要素自由流通。

高度的经济融合意味着生产要素自由流通，关税水平和行政管理制度都需要保持一致。但是，关税、资本和信息流通等制度属于中央政策，一个地方开放就是全国性开放，难以单独在某些地区单独执行。所以，广东省与港澳地区之间的要素流动尚未完全打通。因此，这也是为何大湾区内部互动不少，但真正的融合还处于初级阶段的原因。

目前粤港澳大湾区的合作只限于自由贸易区在市场经济深入发展和地方

政府利益独立化的制度背景之下，大湾区内各地政府之间的合作行为应该是追求双赢的发展战略选择，同时，需要使大湾区内的政府意识到只有选择合作策略才能增进和分享共同的利益。因此，澳门特区与江门市加强合作的思路可以从以下几个方面着手。

（一）巩固澳门特区与江门市优势互补的合作关系

长期以来，在关于粤港澳大湾区规划设想中，澳门特区的角色和功能往往可能被忽视。澳门特区虽然经济规模小、比较优势相对单一，但回归以来整体经济快速发展，在国家对外开放特别是对葡语、拉丁语国家及“一带一路”沿线国家开放中具有其独特的作用。2019 年 7 月发布的《关于贯彻落实〈粤港澳大湾区发展规划纲要〉的实施意见》① 中，吸收各界意见后确定澳门特区在粤港澳大湾区城市群建设中的重要角色，与香港特区、广州市、深圳市一齐并列四大核心城市引擎引领粤港澳大湾区建设。同时，也提到支持江门大广海湾经济区建设，包括深化与港澳地区在金融、旅游、文化创意、电子商务、海洋经济、职业教育、生命健康等领域的合作，探索粤澳合作发展的新模式。从目前，澳门特区与江门市在旅游、医疗、职业教育等领域的合作应该以更便利两地居民经贸往来为前提，积极探讨和实现公共服务上的合作，进一步深化两地的区域合作。

（二）建立跨行政区的常设协调机构

为推动粤港澳大湾区规划，2018 年国务院成立粤港澳大湾区建设领导小组，由国务院副总理级领导担任组长，首次有香港特别行政区行政长官和澳门特别行政区行政长官参与工作。由中央统筹设立高规格的工作小组，可以反映出国家对粤港澳大湾区的重视程度。但是，除了有顶层设计之外，也需要设立具体的常设协调机构将政策落实。所以，在中央高度统筹之下，应该由各地政府在自愿合作的基础之上达成共识，赋予常设协调机构明确的职能和权限对各地政府形成约束机制。

（三）构建多层次的大湾区发展协调机制

在区域合作过程中，各种跨区域公共品的缺乏和基础设施建设的不足，

---

① 省委、省政府印发关于贯彻落实《粤港澳大湾区发展规划纲要》的实施意见［EB/OL］. http：//www. gd. gov. cn/gdywdt/gdyw/content/post_2530491. html，2019-07-05.

成为制约区域经济发展的一个“瓶颈”。跨境交通和通信是推进区域融合的重要基础，理应成为区域内整体规划的核心。如果没有基础设施的统筹管理，将影响地区间生产要素的自由流动，提高各项交易成本。以港澳地区与内地的跨境交通为例，在基础设施建设的统筹规划与管理方面还存在不少问题。参考长三角地区市长级别的长三角城市经济协调会，可以成立如区域交通管理委员会、跨境基础设施管理委员会等机构。

粤港澳大湾区的城市群分属两种不同的社会制度、三种不同的法律体系、三个单独关税区。要有效推动大湾区城市群发展规划的有效实施以及各城市的协同发展，建议从顶层设计入手，构建多层次的发展协调机制。粤港澳三地行政首长应建立联席会议机制。目前的“粤港合作联席会议机制”和“粤澳合作联席会议机制”只是粤港、粤澳地区的行政首长定期会晤机制，为加强三地在粤港澳大湾区发展中的高层沟通协调，应考虑建立三地行政首长的定期会晤沟通协调机制。同时，也可以考虑在实务工作层面设立城市规划、交通运输、环境保护、科技创新和社会保障等领域的联合工作小组。澳门特区和江门市两地政府也可按实际需要增设其他的联合工作小组。

四、结语

回归以来澳门特区经济取得瞩目的发展，但碍于澳门特区社会的保守心态，普通民众对区域合作热情和参与度不高，中小企业缺乏创新动力，因循守旧。这种状况，与内地特别是广东珠三角地区近年大力推进的经济转型和创新驱动，形成鲜明对比。如果这种保守的心态不打破，单单依靠澳门特区的市场规模和本土中小企业不仅难以为澳门特区经济多元发展注入新的活力，而且也难以回应国家号召积极融入大湾区的建设。因此，大湾区建设不仅有利于港澳地区融入内地，同时也应该创造条件鼓励内地的民营企业进入港澳地区，配合港澳地区经济发展的需要，培养出具有国际竞争力的民营企业，不但能帮助解决民营企业在国内融资有限的困难，也可以有效结合国际上先进技术和管理经验，充分调动社会力量的积极性，共同参与建设粤港澳大湾区。

在此提出思考的方向，希望通过鼓励国内民营企业赴澳门特区投资，打破生产要素流动的制度障碍，充分激发和调动民间活力，更好地推动澳门地区参与粤港澳大湾区城市群的建设，同时也帮助澳门特区实现经济适度多元的长期目标。在此思路下，澳门特区必须优化营商环境，大力引进外来投资项目。国家可以批准国内有影响力和竞争力的民营企业在澳门特区设立地区总部，发展旅游休闲、会展商贸、特色金融、文化创意等新兴产业，占据优势的江门市企业可以列入优先考虑对象。未来的粤港澳大湾区城市群建设中，要解决在人流、物流、资金流和信息流的适当顺畅跨境流动问题，包括跨境工作、创业、学习、生活、税务、医疗、社会福利等方面，必然要理顺一些法律问题。建议及早关注并组织法律专家及通过区域合作理顺有关法律问题，有效地支持和促进粤港澳大湾区的建设。

基于电力工程的智能工地管理系统的架构

黄 辉 邹媛媛 谭 浪 赵文智 胡 鹏*

摘 要：电力工程作为社会的基础设施建设，其质量、安全和进度受到人们的密切关注。为了实现项目管理工作的数字化、智能化、在线化，本文结合云服务和物联网技术构建智慧工地管理系统，并介绍其架构及功能模块，归纳了系统优势。

关键词：智慧工地；电力工程；系统架构；施工管理

一、引言

随着电力系统的不断壮大及我国城市公共、能源、交通、通信、水利等基础设施能力的不断增强，也带动了我国冶金、建材、化工、机械等工业部门生产，电力工程建设在国民经济中的地位和作用也越来越重要，近年来新开工项目面积迅猛增加，工程规模不断扩大，对电力工程建设的管理要求也越来越高。

电力工程是由人力与多种器械合作完成的一项系统工程，施工现场的特点是工程作业复杂，无论是打地基、主体、封顶，还是进行设备安装都是不

* 黄辉，五邑大学智能制造学部副教授，主要研究方向为电气设备在线监测和工业自动化控制；谭浪，江门明浩电力工程监理有限公司注册监理工程师，主要从事电力工程监理工作；赵文智，江门明浩电力工程监理有限公司电力行业总监理工程师，主要从事电力工程监理工作；邹媛媛，五邑大学智能制造学部硕士研究生，主要研究方向为新型机械与机电设备设计与开发；胡鹏，五邑大学智能制造学部硕士研究生，主要研究计算机视觉和深度学习。

同的工种的工作人员利用不同器械相互合作完成的。例如，对一栋楼房的建设需要在地基、地上、高空中进行立体交叉作业，因此表现出工程作业复杂的特点。建筑工程的施工环境受到地理环境、天气情况、气候状况、时间管理、社会条件、政策等一系列因素的影响，这些因素使电力工程处在一个复杂的施工环境下。同时，施工人员在复杂的环境中从事繁重的体力劳动，也存在一定的安全问题。因此，对电力工程进行智能化生产管理是非常必要的。

二、智慧工地管理系统概念

针对电网工程施工的过程中巡检效率低、安全手段少、质量管控难、工程工期紧等问题，智慧工地管理系统以资讯化为基础，贯穿数字化，以智能化为特色，逐渐成为解决电力工程监理和管控难题的有效手段之一。其利用数字化三维技术，全方位引入远程监控、物联网、人工智能和虚拟现实等先进技术手段，创新管理理念和管理模式，面向未来的电网建设，通过对平台和机制建设，进一步提高安全、质量、进度管控效率，提升基建标准化建设、规范化管理水平。达到工程建设可视化、工程管理标准化、工程过程可溯源，实现人员无感化、监督物料全过程溯源、机械 24 小时监测、施工方法标准化、环境自动化控制的目的。

三、平台总体架构及功能

（一）设计思路

整个智慧工地平台采用“一个平台+多个模块”的整体架构，平台分为六层，分别是展现层、业务应用层、业务支撑层、应用支持层、数据层和基础资源层，如图 1 所示。

将三维可视化技术与大智移云联（大数据、智能化、云计算和移动互联网）相结合的角度出发，针对人员、机械、材料、方法、环境五个要素，构建一种资源共享、多系统协作、模块化分工的管理模式，利用物联网及可视化技术，对工程建设全生命周期形成完整的自动化监管体系，输出统计和分析成果进行可视化展现。达到项目管理工作统一平台、统一项目管理标准、

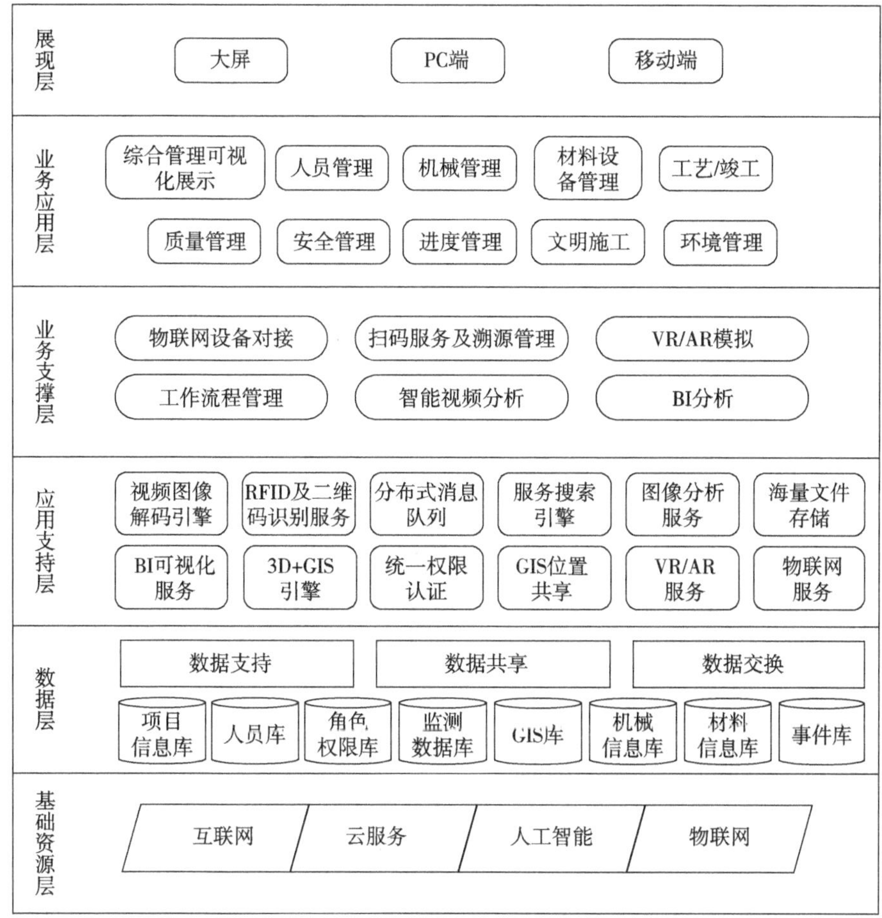

图 1　智慧工地管理系统的总体架构

资料来源：基建工程智慧工地服务科研咨询服务项目。

信息共享的目标，从而提高项目管理水平，降低项目管理成本。智慧工地管理系统的逻辑架构如图 2 所示。

（二）网络架构

应用于电力工程的智能工地管理系统涉及大量传感器检测数据的传输和分析、监控视频的传输、各个岗位的管理等，对外提供的交互管道也多种多样，包括移动端、PC 端、大屏互动端等，考虑到电力工程的特殊性，因此系统网络传输的安全性和可靠性至关重要。

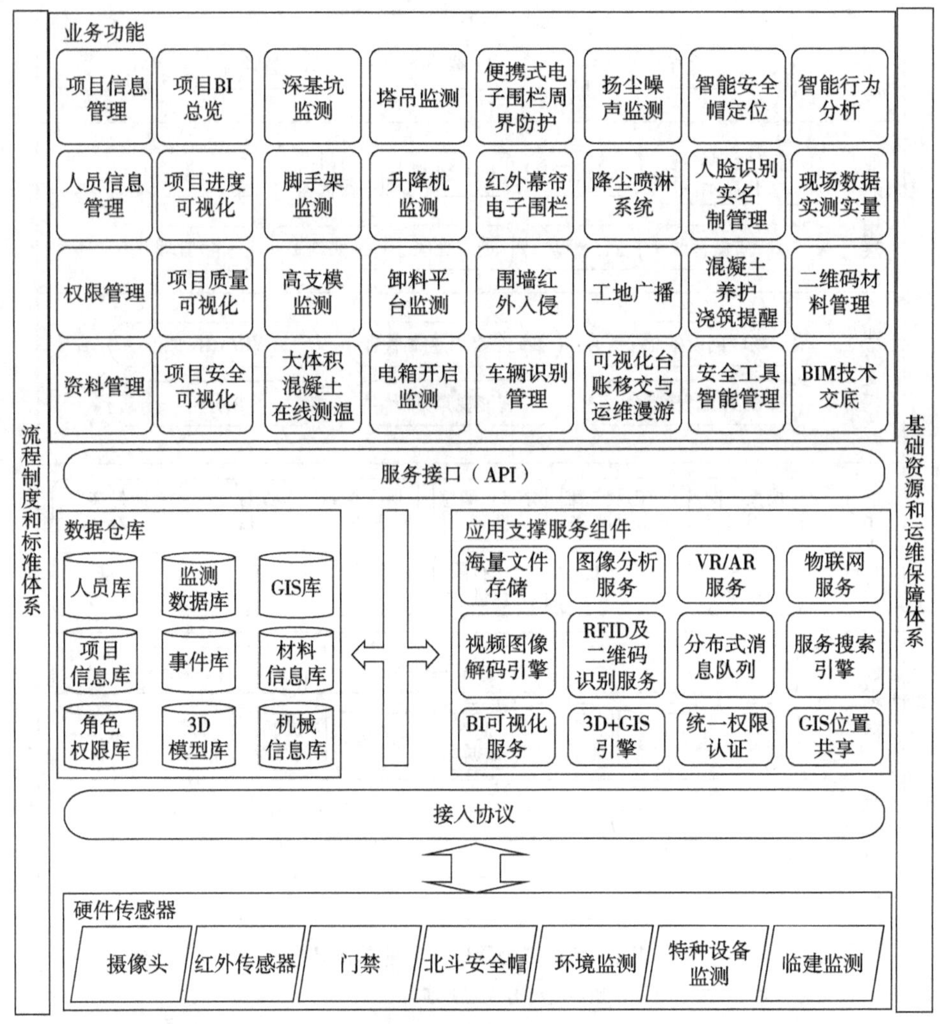

图 2　逻辑架构

资料来源：基建工程智慧工地服务科研咨询服务项目。

在网络安全方面，采用了如防火墙、漏洞扫描、档检测、互动防刷、消息过滤、跳板机、登录保护等安全防护手段对互联网访问安全进行全面防护。智慧工地系统中心服务器设置与私有服务器，通过 APN 通道与工地服务器连接，工地服务器作为数据中转站，将数据加密后通过 APN 通道进入内网。工地内部进行局域网 WiFi 信号覆盖，工地用户通过 WiFi-APN 访问中心服务器获取服务，形成网络闭环；外部的云服务处理中心则通过白名单的方式与系统进行连接，降低网络风险。白名单服务器无法主动连接信息中心，只能等待信息中心主动获取数据。

通过对网络底层协议 TCP/IP 的封装，实现网络的容错管理，一旦客户端与服务器管理系统的网络线路中断，系统立即给予相关提示，便于管理员及时处理。同时，为了降低在外部网络断开情况下对该系统的影响，采用了独特的本地服务器自组网络系统，即使互联网网络断开，本地环境仍可正常工作，并保留最新采集到的各类信息。

（三）功能结构

智慧工地管理系统通过“平台+模块”予以实现。“平台”是一整套软件、硬件结合的系统化产品，通过硬设备的监控及数据采集、平台的统计及分析的闭环流程，建立基于施工过程管理的互联协同、安全监控体系，并通过对所采集的数据进行挖掘和分析，提供预测和预案，实现对工地的可视化和智能化管理。“模块”是按照施工现场“人、机、料、环”等因素，依托信息系统及硬设备构筑可实现特定功能的单元。系统功能如表 1 所示。

表 1　智慧工地管理系统的系统功能

系统模块	功能内容
项目概况	项目概况信息、项目管理广告牌（安全、质量、进度）、项目区域分布（地图坐标）以及项目环境监测信息
人员定位	通过在安全帽中扩展的智能北斗芯片，并将安全帽与人员实名对应后，可实现实时定位人员位置、接收语音、发送 SOS 报警、跌倒报警、脱离工作岗位报警灯功能
实名制考勤	通过人脸识别设备，进行实名制考勤
智能视频监控	通过视频分析技术，动态识别施工现场内未穿戴安全帽和工作服的人员，并截图上传，形成违规记录，识别监测施工区域内工程车内是否违规载人，若违规载人系统实时告警，达到规范行为、文明施工、保证安全的目的
进度管理	通过三维模型与卫星生成地图结合的方式直观地展示施工进度；接入斑马网络进度计划，实时更新显示斑马进度信息；接入 BIM5D 进度管理，实时更新显示 BIM5D 进度信息；对施工进度进行管理安排起始时间、工程量等

续表

系统模块	功能内容
安全监测	利用可移动的红外对射装置，在临建危险区域（破损护栏或临边洞口）入口处构建一条隐形的“红外光束防护区”，当有人横跨防护区遮断红外对射之间的光束时，立即触发报警
安全培训	利用虚拟现实技术结合6自由度体感平台，针对危险情况如触电模拟、临边坠落模拟、火灾模拟、塔吊倒塌模等，形成安全教育培训体系
安全检查	利用智能视频监控系统对视频智能分析，对监控区域进行烟火监测，当发现现场有烟火时主动触发告警；并提供隐患数量、类型及处理的分析图
安全器具管理	由管理员记录安全器具的借出、归还情况，过期未归还的给予系统提醒
质量管理	混凝土测温、混凝土养护浇筑提醒
环境管理	扬尘噪声监测通过实时采集工地现场环境数据（如PM10、PM2.5、温湿度、噪声等），可实现超标提醒；可对接各种喷淋设备（如雾炮喷淋、墙面喷淋、塔吊高空喷淋），能实现定时、手动及与扬尘噪声联动控制
资料管理	对技术资料、验收资料、标准规范等成果进行统一分类，提供上传下载、在线查看等功能，避免了多处翻阅文档的烦琐，实现资料共享
广播公告	实现广播系统在线控制
技术管理	BIM施工管理、BIM协同优化、三维虚拟漫游、可视化移交
二维码管理	物料到货—入库—出库—使用全程二维码管理，实现数据统计分析库存预警功能
系统管理	对项目的各项信息进行记录、汇总、管理，提高管理效率

资料来源：基建工程智慧工地服务科研咨询服务项目。

四、智慧工地管理系统的特点

（一）高度集成

为了实现多系统的综合监控、集中管理，本系统支持视频监控、传感数据、安全防范、报警联动、门禁等子系统的接入。该技术不单是对各独立系统功能的简单叠加，且对各功能进行了整合优化，并进行了智能关联。

（二）可扩展

支持操作系统移植，支持服务器负载均衡技术，可以随着系统规模的不断扩大，通过简单调整服务器的部署可以轻松实现从前端—市级监控中心—省级监控中心一直到全国范围的多层次的纵向延伸和多区域联网的横向扩展，且无须更换版本和产品升级。

（三）管控一体

采用多服务器分布和多级级联的方式，支持超大规模的部署，能满足多级综合监控的应用需求，进行统一部署和管理。解决前端施工现场数量庞大、地域分布分散、数据处理量庞大的问题。

五、结语

智慧工地管理系统是以施工现场、物联网和云服务为基础，实现数字孪生、智慧管控、智慧施工，以提高生产效率的全流程管理平台。本文通过对智能工地管理系统的架构进行梳理，介绍了其功能模块和系统特点。随着技术的发展，电力工程的施工方式和管理模式必然会转型，并且会在建筑领域广泛运用。

参考文献

［1］曾凝霜，刘琰，徐波．基于 BIM 的智慧工地管理体系框架研究［J］．施工技术，2015，44（10）：96-100.

［2］Liu T. Z., Hou J., Xiong G., et al. Smart Cloud-based Platform for Construction Sites［C］. 2016 IEEE International Conference on Service Operations and Logistics, and Informatics（SOLI）. IEEE, 2016.

［3］韩豫，孙昊，李宇宏等．智慧工地系统架构与实现［J］．科技进步与对策，2018，35（24）：113-117.

［4］陈彦，戴红军，刘晶等．建筑信息模型（BIM）在工程项目管理信息系统中的框架研究［J］．施工技术，2008（2）：9-12.

［5］范俊杰．浅析通信网络技术与智慧工地网络层建设［J］．数字技术与应用，2019（4）：30-31.

［6］孙昊，韩豫，马国鑫等．融合 BIM 和 RFID 的建筑工人智能管理系统［J］．工程

管理学报，2017，31（2）：95-99.

［7］李正，许前江，张峰等．智慧工地系统在建筑施工过程中的应用［J］．建筑电气，2017（9）：63-66.

［8］王晓波．基于物联网技术的电网工程智能工地研究与实践［J］．电力信息与通信技术，2017（8）：31-36.

新技术、新思考、新发展

——智慧城市建设探索与实践

刘郁恒　任彦丞　许鸿宇*

摘　要： 围绕新技术给社会带来的影响，本文从智慧城市的角度进行深入思考，总结了多年来智慧城市建设的探索与实践经验，提出了推进智慧城市建设的关键建议，希望能激发广大读者的进一步思考。

关键词： 新技术；新思考；新发展；智慧城市

一、引言

国家新型智慧城市部际协调工作组（2016）指出，“智慧城市是现代信息社会条件下，针对城市经济、社会发展的现实需求，以提升人民群众的幸福感和满意度为核心，推进城市发展模式智慧化的改革创新系统工程”，其中，“现代信息社会条件”“现实需求”“城市发展模式智慧化的改革创新”，均与新技术的出现有密切联系。在信息技术飞速发展的新时代，新技术的出现能创造新需求，推动生产要素和生产方式变革，进而推动城市和产业获得新发展。

围绕新技术给社会带来的影响，本文从智慧城市的角度进行深入思考，总结了多年来智慧城市建设的探索与实践经验，提出了推进智慧城市建设的关键建议。

---

* 刘郁恒，博士，公司智慧城市/IT专业委员会主任、移动院技术总监，被聘为泛珠智慧城市专家委员会专家委员，广东省电子行业协会智慧城市专业委员会专家；任彦丞，硕士，主要从事新型智慧城市规划与设计工作；许鸿宇，硕士，主要从事新型智慧城市规划与设计工作。

二、新技术驱动新发展

（一）新技术推动社会经济模式变革，驱动智慧时代

科学技术革命是推动经济和社会发展的强大杠杆。纵观人类社会发展史，科学技术的每一次重大突破，都会引发生产力的飞跃和社会生活的深刻变革。

18世纪中叶以来，人类历史上先后发生了三次工业革命，现在正迎来第四次变革。随着第一次工业革命中蒸汽机的发明使用，人类步入蒸汽时代，推动生产方式向机械化转变，使人类文明由农耕文明过渡到了工业文明。在第二次工业革命中，人类进入电气时代，电力、钢铁、铁路、化工、汽车等重工业兴起，石油成为新能源，并促使交通的迅速发展，世界各国的交流更为频繁，并逐渐形成一个全球化的国际政治、经济体系。第三次工业革命，开创了信息时代，推动人类在社会经济、政治、文化领域的变革，同时也影响了人类生活方式和思维方式。我们现在正在经历的第四次工业革命，是在21世纪以后发展起来的，以物联网、大数据、机器人及人工智能为代表的数字技术所驱动的社会生产方式变革。这场技术革命的核心是网络化、信息化和智能化的深度融合。

当前，信息通信业面临“四个转变”的新形势：经济从高速增长向高质量发展加速转变，信息通信技术从助力经济发展的基础动力向引领经济发展的核心引擎加速转变，基础电信业务从规模经营向基于规模的价值经营加速转变，以及信息通信市场从“要素”竞争向“要素+能力”竞争加速转变。以5G、物联网、大数据、人工智能等为代表的新技术正掀起各行各业巨变的浪潮，城市演进也在新技术的推动下不断加速，让我们憧憬的智慧时代即将来临。

（二）新技术促进城市及产业变革

江婷婷（2018）指出，新时代下，数据已经成为新生产要素，5G、数字孪生等新技术则构建了新的生产方式。新生产要素和新生产方式赋予了城市更多的内涵，对城市建设提出了更高要求。

新技术的广泛运用全面增强了城市服务能级。5G网络、物联网、互联网等的统一规划和建设部署，为城市的发展提供多层次、立体化、广覆盖的基础通信设施保障，数字孪生、大数据、人工智能等技术的深入应用，全面提高了政府、社会、企业的信息化水平、管理能力和服务质量。

新技术浪潮推动产业深度变革。随着新一代信息技术与制造业融合创新深入推进，服务化成为“互联网+”制造新商业模式，平台化成为“互联网+”制造新发展模式，行业系统解决方案成为重要着力点，柔性制造成为制造业的核心竞争力。同时，现代互联网产业创新发展正在迈向新的高度，产业从垂直整合到横向跨界融合，互联网信息服务不断向经济社会各领域延伸，并且正在改变人们的生活模式。

（三）5G是大国重器，未来已来

人口红利逐步消失，科技红利将是未来社会的核心动力，信息通信技术从助力经济发展的基础动力向引领经济发展的核心引擎加速转变。自20世纪80年代以来，移动通信每10年就出现新一代革命性技术，推动着信息通信产业和应用不断创新，为经济社会发展注入源源不断的强劲动力。5G技术作为日前信息通信技术皇冠上的明珠，为未来城市生活提供了更多可能性。

2018年全球主要国家和运营商相继启动5G试验，出台战略计划，开展产业布局，抢占战略制高点；国内通信运营商获得5G试验频谱、明确时间表，多省市颁布支持5G发展政策。2019年6月6日，工业与信息化部向中国电信、中国移动、中国联通和中国广电发放5G商用牌照，这标志着我国正式进入5G商用元年，5G网络进入全面部署阶段，5G时代已经来临。5G技术时代的到来，不仅加快了网络速度，同时也促进人工智能与物联网深度融合发展，万物趋向智能，万物皆可互联。作为下一代蜂窝移动通信网络，5G相比4G在峰值速率、连接密度等网络性能方面有几倍到几十倍的增强，将凭借大带宽、大连接、低时延的网络特性，在智慧城市领域发挥重大作用。政府部门可以利用5G网络对城市实现全方位、立体化的智能管理，特别是交通的智能疏导、紧急医疗的高效救助、无人机安防巡逻等，从而提升城市管理和服务水平。

三、智慧城市建设的新思考

（一）智慧城市建设是经济升级转型的重要抓手

智慧城市建设是新常态下将信息资源作为重要的生产要素来推动经济转型升级的重要抓手 。智慧城市将会成为城市的经济增长倍增器、经济发展方式的转换器、产业升级的助推器。

1. 智慧城市建设有利于推动产业结构优化升级

城市经济发展面临着日益严重的资源和环境压力，迫切要求科学发展的新概念、新思路、新技术。在此背景下，智慧城市通过信息技术在生产领域的应用，能提高信息化对经济发展的贡献率，转变经济增长方式的结构，推动产业结构优化升级，由劳动力密集向知识、技术密集型转变，使经济发展更具“智慧”。以“智慧经济”构筑“智慧城市”的发展实体，通过智慧的解决方案来帮助企业实现商业流程的整合，构建动态业务机制，并达到全产业链协同运作，简化并整合企业信息和系统，使企业运营更加高效和快速，以帮助企业降低成本和风险，为客户提供更具竞争力的产品和服务，提升产业链整体竞争优势，推动城市经济的长期可持续发展。

2. 智慧城市建设可以充分利用信息资源提高经济增长效率

现代经济系统是多因素多变量的。在智慧城市的建设中，信息资源是经济发展中的关键要素。信息是现代经济的重要资源和投入要素，是因为现代信息技术的高度发展和广泛应用，使信息资源开发利用的广度和深度都得到了加强。信息应用于生产系统，不仅可以缩短生产周期，而且可以带来其他资源（如劳力、资本、原材料等）的节约，制造出价值更高、价格更低的同源产品。在农业经济时代和工业经济时代中，作为生产要素的土地、劳力和资本是有限的。在当今物质资源短缺、能源枯竭、环境污染、人口膨胀的形势下，可以再生的知识和信息作为一种新兴的资源和生产要素对现代经济有着特殊的作用。

3. 智慧城市建设可以促进科学决策

人类的经济行为面临着极大的不确定性，而信息具有消除不确定性的功能。所以，智慧城市能在信息不充分、不完备、不对称的经济环境下及时获得准确的信息，为经济决策提供充足的条件，实现经济决策的优化，保障经济决策的顺利进行。

4. 智慧城市建设可以启动民间投资、促进就业

首先，民间投资将得到大量政府采购订单、服务外包等业务机会，促进民间投资产业结构不断升级。其次，公共服务水平的提高，智慧基础设施和智慧服务为民间投资提供了良好的经营环境。最后，城市治理模式的变革改进了政府和民营资本之间的关系，使民营资本的创业和发展环境不断优化。智慧城市建设对于启动民间投资和开启就业新领域具有重要意义。

（二）国内智慧城市经验总结

国家发展和改革委员会、中共中央网络安全和信息化委员会办公室、国家标准化管理委员会联合发布“新型智慧城市评价指标”，由新型智慧城市建设部际协调工作组牵头，并于 2017 年陆续对国内 220 个城市开展评价工作。通过此次评价，可以看出国内新型智慧城市发展整体仍处于起步阶段。从总体上看国内智慧城市建设存在以下六个问题。

1. 发展理念盲目跟进

目前的亮点工作表现为各行业各领域信息化、智能化建设，忽视了城市作为一个整体的综合治理和协调发展。缺乏对城市内生发展动力的挖掘，建设模式“千城一面”。

2. 顶层设计亟待统一

传统智慧城市由国家各部委分别主导建设，条块化现象明显，存在顶层设计不统一、标准体系不统一、评价体系不统一、建设内容碎片化的倾向。

3. 建设过程缺乏定力

智慧城市建设是一个长期的过程，目前智慧城市建设工作往往重视功能、轻视架构，追求短期效益而偏离规划目标。

4. 运营模式无法持续

重视建设，轻视运营，忽视市场真实需求，运营模式不清晰，缺乏盈利能力，部分项目成为“政绩工程”“形象工程”。

5. 建设主体过于单一

过度依赖政府自身的能力，忽视多方参与的组织生态建设。

6. 保障措施普遍缺位

保障措施普遍缺位。智慧城市建设是跨行业、跨领域、跨区域的复杂体系工程，组织、政策、资金等保障措施缺位，都将导致实施效果缺乏延续性。

（三）技术变革下的智慧城市建设思考

当前处于通信与信息化技术重大变革期，新阶段的智慧城市建设应顺应技术变革，在基础设施和创新应用等方面提前规划布局。

新阶段的智慧城市建设应注重资源整合，打造城市共性基础设施。针对物联感知设备、通信网络、计算存储、通用功能平台等城市共性信息化基础设施，应建立由全市统一规划、统一布局、统一标准，各部门、各区按照要求分工建设、按需获得服务的格局，避免重复投资和重复建设。

在新阶段的智慧城市中，可通过构建城市级数据和服务支撑平台，实现各类信息资源和业务功能的服务化封装和调度管理，支撑上层应用快速定制、开发和部署能力，实现跨地域、跨部门、跨行业的综合服务和协同。

新阶段的智慧城市建设应关注大数据融合分析和应用，基于多源、海量数据分析，全面、准确地掌握事物特征和发展态势、关键影响因素、发展规律，助力政府科学决策，提升城市治理精细化水平，提供主动的、个性化、差异化的服务。

新阶段的智慧城市建设应促进数据开放和数据利用。以政府数据开放为基础，逐步汇聚企业、互联网以及城市物联网数据，在保障安全的前提下建设城市数据开放平台，实现数据安全开放、可信共享。积极推动数字经济发展，以“数据资源”为动力激发大众创业、万众创新，从而开创新应用、催生新业态、打造新模式。

新阶段的智慧城市建设中网络空间安全应作为重要建设内容受到重视。应通过技术、法律法规、管理制度、安全教育等手段全面构建网络空间安全体系，抓好城市大数据中心、城市工控系统、网络舆情等重点领域的安全保障，构建全天候、一体化的网络空间安全防护体系，实现网络空间安全清朗的目标，新技术促进城市变革如图 1 所示。

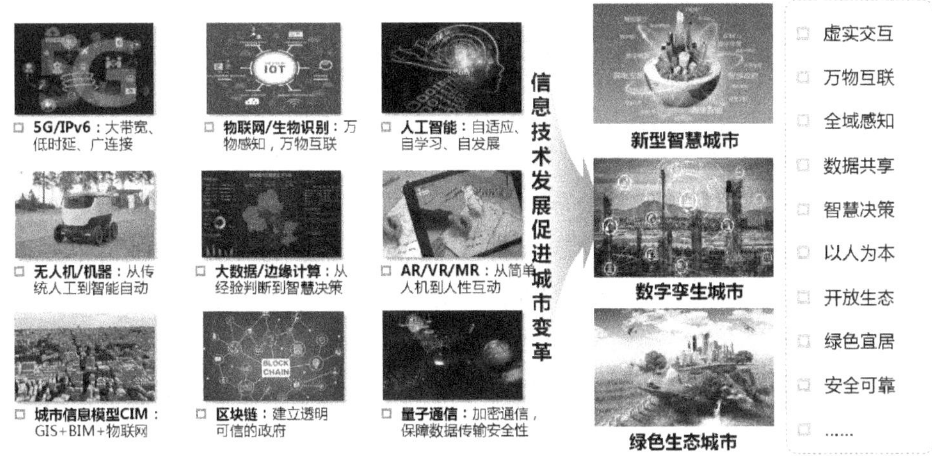

图1　新技术促进城市变革

资料来源：根据中国信通院相关资料整理而成。

（四）分级分类成为智慧城市建设基本导向

不同区域、不同级别、不同类型的城市发展定位和侧重不同，不同城市经济社会、地理区位、自然环境、产业基础条件也不尽相同，因此智慧城市建设程度和发展目标均存在较大差异，没有一套单一的适用于所有城市的统一解决方案。要综合考虑城市发展定位、经济社会发展水平、人口规模、区位特点，因地制宜，找准定位，找到各类城市有针对性的发展路径。总体而言，应支持特大型城市对标国际先进水平，打造世界级的智慧城市群；省级城市发挥辐射带动作用，形成区域性经济社会活动中心；地级市、县级市着眼城乡统筹，缩小数字鸿沟，促进均衡发展；推动新城新区、小城镇特色化、差异化发展。

与此同时，建设智慧城市是一个长期的、没有明确终点的过程，虽然新型智慧城市建设没有统一模板，无法给出统一模型，但它依然遵循复杂系统不断演化、不断发展成熟的特性，城市的智慧程度，可根据信息技术成熟、应用与服务拓展、体制机制完善等维度，设定合理分级，指引城市持续改善和逐步提高。因此要坚持分级分类的方法，因地制宜，科学发展，从城市发展战略全局出发，突出城市自然禀赋及自身特色，区分轻重缓急，明确发展路径，让每个城市的智慧程度逐级跃迁，有序推进，渐进达到更高的智慧化水平。

四、智慧城市建设建议

（一）智慧城市总体规划引领，基础设施建设适度超前

随着智慧城市建设的不断深入和完善，将会在很大程度上提高信息网络的承载能力、通信基础设施的综合利用率以及信息通信集聚辐射能力。在新阶段的智慧城市建设过程中，应发挥总体规划的引领作用，以“规划引导、集约建设、资源共享、规范管理、满足需求、适度超前”为基本原则，推进基础设施建设，构建一个涵盖全面感知网、通信网络和计算存储资源的智慧城市支撑体系。

推进综合管廊的建设，统筹考虑宽带、有线电视、水、电、气的需求。管廊覆盖所有市政道路，统一规划、建设、维护，满足长期业务发展需求。同时，要完善智慧城市建设的相关标准，明确市政基础设施和传感器等智能设备的界面标准，制定数据收集、传输、存储和使用规范，增强系统的通用性和可扩展性。推进资源共享，实现基础设施（如基站、管道、光交箱等）一次建设，多方共享。同时在强化信息安全措施的基础上，明确信息开放和共享的边界，加强信息资源的整合与共享。

（二）推进智慧杆试点，打造5G时代的智慧城市基础设施

作为新型智慧城市的基础载体和感知末梢，智慧杆是以“美丽中国、数字中国、智慧社会”为导向，以建设“资源节约型、环境友好型”社会和新型智慧城市为要求，以节约土地能源和原材料消耗，保护城市环境和生态景观，减少重复建设，提高基础设施利用率为基本目的，为城市提供健康使用、高效便捷、和谐共存的基础设施，全面支撑5G和新型智慧城市建设。

5G时代，5G网络高速率、低时延和大容量的需求需要采用大量的微基站来实现室内外全方位立体化的覆盖，由此更需要大力推进共建共享以实现我国5G的高质量发展，更好支撑服务数字中国建设，促进社会经济发展。智慧杆凭借其高密度、广分布等先天优势，天然地成为5G布局的重要一环，智慧杆建设示意如图2所示。

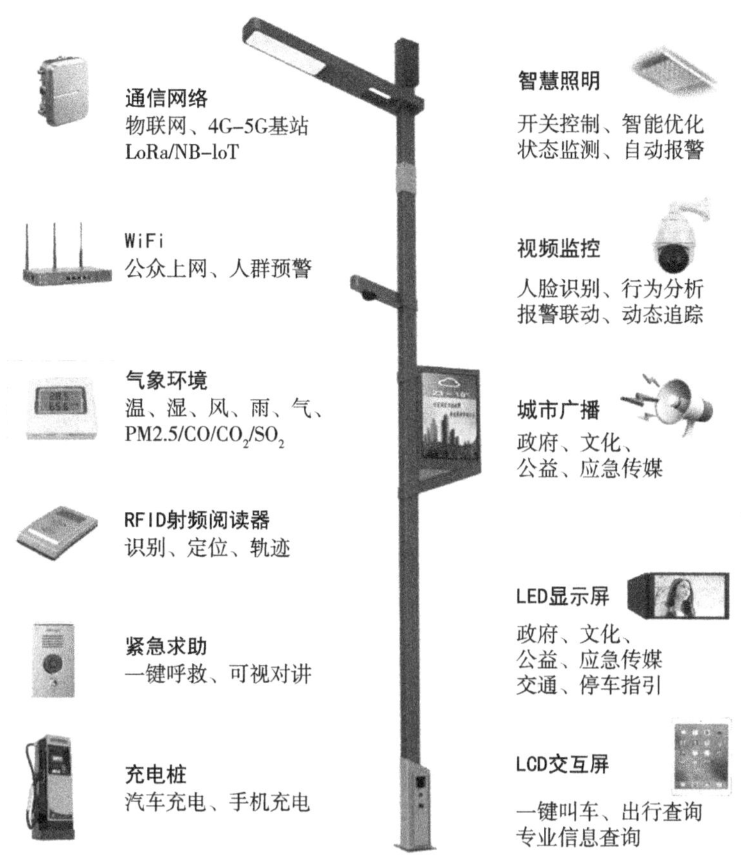

图 2　智慧杆建设示意

资料来源：根据互联网相关资料整理而成。

智慧杆并不是一个新生事物，它是融合了智慧照明、安防监控、交通管理、环境监测、信息交互、应急救助、公共广播、无线通信、充电桩、微基站等多种功能于一体的公共基础设施，是共享经济和基础设施供给侧改革的典型案例，是万物互联、智能感知的新型智慧城市的综合载体。通过智慧杆深度整合资源，有利于大幅降低城市基础设施建设和运维成本，提升城市治理效率和管理水平，为新型智慧城市建设和5G布局奠定良好基础。

（三）双轮驱动，助力产业与智慧化融合发展

通过构建智慧城市产业生态圈和打造智慧城市产业创新平台，双轮驱动产业与智慧化融合发展。

开放合作促进智慧城市产业圈发展。推动共建共享，开放公共基础物业，运营商共建共享。推动设备优化，推进设备向小型化、多样化发展。促进产业链发展，整合供应商、集成商和运营服务。丰富产业应用，培育产业需求，开放应用平台。

打造能拉动、能示范、能孵化、能展示的“四能”产业创新平台，促进业务和应用发展。拉动行业锚点，拉动重点领域、重点行业产业进程，以示范应用带动产业发展，催生新业态和新模式。打造示范区域，结合本地特色，打造核心示范区。构建行业孵化平台，聚合产学研各方，搭建实验室、外场测试环境，为行业提供端到端解决方案和验证环境。展示成果窗口，建设体现技术先进性与行业孵化成果的集中化综合展示窗口。

（四）围绕 CIM 平台，实现数字孪生创新理念的落地

数字孪生城市是在城市累积数据从量变到质变，在感知建模、人工智能等信息技术取得重大突破的背景下，新型智慧城市建设的一条新兴技术路径，是城市智能化、运营可持续化的前沿先进模式，是物理维度上的实体城市和信息维度上的虚拟城市同生共存、虚实交融的城市未来发展形态。

数字孪生城市的核心价值，在于通过建立基于高度集成的数据闭环赋能新体系，生成城市全域数字虚拟映像空间，并利用数字化仿真，虚拟化交互，积木式组装拼接，形成软件定义城市，数据驱动决策，虚实充分融合交织的数字孪生城市体，使城市运行、管理、服务由实入虚，可以在虚拟空间的建模、仿真、演化、操控，同时由虚入实，改变、促进物理空间中城市资源要素的优化配置，开辟新型智慧城市的建设和治理新模式。

数字孪生城市建设不可一蹴而就，要循序渐进，稳步推进：

第一阶段，建设能够精准映射实体城市的数字基础设施，实现城市建设“由实入虚”。在城市的天空、地面、地下、河道等各层面广泛部署物联网感知设施，利用二维码、RFID、3DGIS、北斗卫星定位等技术手段，实现对实体世界的人、物、事件等要素数字化；建设物联网（传感网）、通信网（宽带、移动和无线）及承载平台，通过对象识别、数据采集、数据传输、数据存储、数据处理，在城市建设之初同步形成与实体城市“孪生”的数字城市。

第二阶段，构建基于“虚拟城市”的城市信息模型（CIM），实现规建管一体化。利用 GIS、BIM、3DGIS 等技术，打通规划、建设、管理的数据壁垒，将规划设计、建设管理、竣工移交、市政管理进行有机融合，将城市规划数据、建筑数据、物联感知的数据、政务业务的数据、城市运行的数据，全部实时、准确地加载在 CIM 平台之上，形成关于城市运行的全面影像，为城市的可视化、智能化管理创造条件。

第三阶段，“由虚入实，虚实结合”，实现智能化控制。通过对城市运行状态的充分感知、动态监测，形成虚拟城市在信息维度上对实体城市的精准信息表达和映射，通过软件定义实现城市的赋能、决策的仿真和指令的执行。进而逐步拓展应用范围，实现由城市规划和管理向城市服务方面扩展，通过服务场景、服务对象、服务内容等方面的数字孪生系统构建，引发服务模式向虚实结合、情景交融、个性化、主动化方向加速转变。

（五）打造生态，带动全社会参与建设

智慧城市是复杂巨系统，单依靠政府力量无法可持续发展，需要带动更多企业甚至是全社会的广泛参与。

1. 政府引导、社会为主体

在智慧城市建设初期，政府主导并包揽各项建设；随着建设日标和范围的扩展，以及在惠民服务、城市数据服务、云平台建设中社会企业逐渐成为建设运营的主体。在新阶段的智慧城市建设中应促进企业、社会参与智慧城市建设运营，政府则通过政策法规、总体规划和市场监管发挥引导和监督作用，以缓解政府在公共服务和基础设施供给量、服务质量、资金、运营效率等方面的压力，同时激发市场活力、满足公众需求。

2. 强化生态圈建立，促进市场合作共赢

新阶段的智慧城市建设强调生态圈的建立。智慧城市建设是一个庞大的工程，其中涉及多个技术层面、多个领域，需要各类厂商共同合作，应通过打造智慧城市生态圈，在政府统筹指导下，吸引有实力的设备厂商、系统集成商、运营及服务商等参与主导建设，邀请研究咨询机构对智慧城市的建设献策和把关，充分发挥各自的优势和特长。促进优质企业间的广泛合作、共同发展，为市场提供优质的整体解决方案，促进市场的良性发展、促成共赢。

（六）EPC 总包模式贴合智慧城市工程特点

智慧城市是复杂巨系统，子系统间有纷繁复杂的联系，采用 EPC 建设模式有明显优势。

传统智慧城市建设模式，各个应用独立建设，缺乏有效沟通，容易造成“规划一盘棋，实施一盘沙”的情况，难以形成整体。智慧城市 EPC 总包模式，建设单位、设计/施工单位均按项目模式组织，沟通紧密充分，项目之间衔接、对接相对畅通有序。同时智慧城市 EPC 总包模式，设计、采购和施工一起发包，减少了项目采购时间，从而提高了效率；政府责任部门只需根据合同和技术规范验收总承包人完成的项目，无须参与工程日常管理工作，从繁冗的协调和管理事务中解脱出来，出现问题时只需面对总承包商，提高了管理效率，也降低了承包商提出索赔的风险。

（七）全景视图下因地制宜，分重点推进具体工程建设

城市建设发展目标是使居住在城市中的市民有更好的生活质量和幸福感，新阶段的智慧城市建设应注重建设成效，建设项目数量、建成与否、技术复杂程度不是衡量成功的标准，建设效果、城市居民的获得感才是核心的评价标准。

智慧城市建设内容丰富，每个城市应打造符合自身特点的亮点工程，避免“大而无当”。围绕亮点工程，打造智慧城市特色品牌，以此汇聚产业要素，促进产业发展。亮点工程的建设要遵循“注重实效、循序渐进、以点带面、适时推广”的原则，逐步构建智慧城市框架，让全社会分享智慧城市建设成果。

亮点工程建设优先选择示范效应强、产业联动好、社会效益优的做先导。智慧政务应用以建设服务型政府为导向，示范项目应能提升政府公共管理服务的效率和意识，规范信息资源的挖掘、整合及共享。智慧产业应用以新兴产业集聚和传统产业升级为目标，示范项目应鼓励突破核心技术，探索商业模式，培育龙头产业。智慧民生应用以提升居民生活质量为落脚点，示范项目应针对解决当前群众反映强烈、迫切需要解决的热点、难点问题，如医疗、交通、食品安全等。

参考文献

[1] 新型智慧城市部际协调工作组. 新型智慧城市发展报告 2015~2016 [M]. 北京：中国计划出版社，2016：5.

[2] 江婷婷. 大数据：经济发展最活跃的生产要素 [J]. 当代贵州，2018（21）：42-43.

[3] 新型智慧城市评价指标 [S]. GB/T 33356—2016.

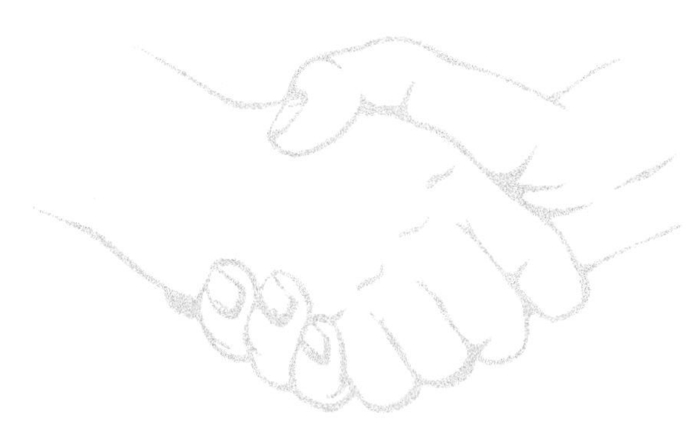

民生篇

粤港澳大湾区江门市与澳门特区大数据智慧养老园区建设探讨

刘兴林*

摘　要：人口老龄化问题日益严重，智慧养老成为新的养老模式，将有效解决传统养老方式存在的局限性。《粤港澳大湾区发展规划纲要》的发布，江门市和澳门特区合作更加深入广泛。澳门特区作为四大中心城市之一，将打造成为世界级旅游休闲中心，江门市作为重要的节点城市，也是一座生态宜居的城市，土地储备丰富，与澳门特区形成优势互补。推动落实《粤港澳大湾区发展规划纲要》，建设江门市与澳门特区大数据智慧养老园区，将成为一个共同的抓手，也具有迫切需要的现实意义。园区搭建大数据智慧养老信息化平台，并在此基础上提供实时、快捷、高效、低成本的，个性化、物联化、互联化、智能化的养老服务。

关键词：粤港澳大湾区；智慧养老；智慧养老园区；大数据

一、引言

近年来，随着我国经济快速发展、医疗卫生条件不断完善，人均寿命不断增长，老年人口不断增加，老龄化问题日益严重。截至2018年底，我国65岁及以上人口已超过1.66亿，占全国人口的11.9%，老年人抚养比达到16.8%。截至2018年底，广东省65岁及以上人口达978.03万，占总人口的

* 刘兴林，五邑大学智能制造学部副教授，主要研究方向为大数据技术、智能计算、智能推荐。

8.62%。其中，香港特区65岁及以上人口达126.08万，占总人口的16.85%；江门市65岁及以上人口达55.49万，占总人口的13.99%；澳门特区65岁及以上人口达7.41万，占总人口的11.1%。

根据联合国统计，65周岁及以上老年人口比重达到7%以上即为“老年型社会”，达到15%以上为“超老年型社会”。由此可见，大湾区中香港特区、江门市、澳门特区人口老龄化问题更为突出，已处于“老年型社会”并接近“超老年型社会”，养老成为政府必须面对的一个社会问题，而传统的家务养老和机构养老存在一定的局限性，不能很好地适应和解决当前日益严峻的人口老龄化问题。国务院、工业和信息化部、民政部等部门陆续发文，明确提出“促进智慧健康养老产业发展”“运用互联网、物联网、大数据等信息技术手段，推进智慧健康养老进程，建立老年健康动态监测机制，整合信息资源，为老年人提供智健康养老服务”“实施‘互联网+养老’行动，在全国建设一批‘智慧养老院’”。

“智慧养老”（Smart Care for the Aged）的概念最早由英国生命信托基金会提出，被称为全智能化老年系统，能帮助老年人过上高质量、高享受的居家生活。智慧养老是一个复杂的系统工程，需要从多个维度来理解智慧养老。就技术层面而言，涉及互联网、物联网、云计算、大数据等信息技术手段；从服务层面来看，智慧养老要满足老年人的生理需求、生活需求和精神需求；从组织层面来看，智慧养老是以老年人为中心，家庭、社区、机构等多主体间的深度协作以及环境的自动交互。

二、江门市与澳门特区智慧养老园区建设

IBM于2010年正式提出建设“智慧城市”（Smart City）的愿景，引发了全球智慧城市建设的热潮。我国在2013年由住房和城乡建设部批准了193个智慧城市的试点，并积极地进行了智慧城市的建设工作，截至2017年底，全国全部副省级以上城市、89%的地级城市、47%的县级城市都提出建设智慧城市。

智慧城市是一个有着丰富内涵和广阔外延的概念，是新一代信息技术变革和知识经济进一步发展的产物，是工业化、城市化、信息化“三化”深度

融合的表现。国际社会在《维也纳工业大学智能城市评价模型（2009）》中将广义的智能城市定义为增长的经济、舒适的环境、便捷的移动、智慧的民众、安全的生活、公正的治理。而我国将狭义智慧城市定义为信息网络宽带化、规划管理信息化、基础设施智能化、公共服务便捷化、产业发展现代化和社会治理精细化。

智能养老园区是智能城市特定功能区域的组成部分和特殊表现形式之一，成为园区实现现代化的重要途径。智慧养老园区通过对物联网、云计算、大数据等新一代信息技术的运用及各类资源的整合，改善了园区的生产、生活、决策、公共服务、养老服务方式，加强了社会、企业、专家、员工，特别是老年人之间的交流和互动，降低了园区内企业的运营成本，提升了工作效率，提升了园区的服务、管理及创新能力。

（一）国内外智慧养老研究现状

国外智慧养老较集中于智慧养老信息化和养老产品的开发研究。美国的Honor公司、马里兰大学、西班牙的Etchemendy研究组、瑞典Tass公司等都在养老信息化方面有较前瞻的研究，特别是“时间银行”的提出，被国内许多社会机构效仿。国内方面，杭州市上城区的智慧居家养老服务平台、上海嘉定区菊园新区的“电子保姆”、南京首家智慧社区养老平台“智慧社区感恩养老”、北京市东城区北新桥街道的“综合服务平台”、甘肃省兰州市城关区虚拟养老院等，都进行了非常好的探索，也取得了较好的效果。智能养老产品方面，主要集中在智能家居、智能穿戴产品，以及家政服务机器人等的研发。

智慧养老园区建设方面，杭州萧山区于2016年就开始规划建设智慧养老产业园区。2017年，青海省海东市海东工业园区投资12亿元打造小依休信息产业链孵化基地暨小依休智能养老小镇。2018年，华录健康养老发展有限公司拟投资50亿元，在焦作建设民生大数据平台及智慧健康养老科创综合性产业园项目，通过云计算、大数据等前沿信息技术来进行智慧养老。这些成功的经验都值得学习和借鉴。

（二）江门市与澳门特区智慧养老现状

根据统计数据，江门市目前有2558个居家养老服务站，分散于江门三区四市，相互间没有建立数据关联。据实地调研结果，面积最大、设施最好、功能齐全的是蓬江区养老服务中心。各居家养老服务机构提供的服务主要分为社区日间照料和上门服务两种形式，社区日间照料包括午休服务、集中用餐、文化娱乐、康复护理、医疗保健、安全援助、转介服务等；上门服务主要包括家务服务、生活照料、送餐服务、精神慰藉等。老年人的需求是多样的，涉及生理、心理、社会层面，需要多专业团队的介入。

澳门特别行政区政府社会工作局系统的长者服务处，是负责澳门特区养老服务的主要职能部门。该处与相关部门或机构合作，对以老年人为服务对象而开展的活动方案及服务计划进行评估，向老年人及其所在家庭提供必要的援助，向提供养老服务的民间机构提供技术及财政辅助，并监察民间机构的运作情况与服务质量。在社会各界的推动下，澳门特区政府于近年成立了长者事务委员会，参与长者服务政策规划的制定，构建老龄化指标体系，推动长者立法。在实践中，澳门特区借鉴了香港特区以及西方一些国家的先进经验，养老服务运作比较规范，充分体现了以老年人为本的服务理念。总体上看，澳门特区的长者照顾服务主要分为社区照顾和院舍照顾两种方式。

澳门特区“平安通”呼援服务中心于2009年3月正式投入运作，为独居长者、年迈夫妇以及其他有需要人士提供包括24小时支持服务、“汇应聆”长者热线、召唤救护车、致电警方、通知紧急联络人、情绪支持、定时问安、提供社区信息、转介服务、定期探访等服务。2012年8月，“平安通”呼援服务中心又增加了“居家易”计划，为有需要长者提供家居安全评估，资助购买或安装家居辅助设施，让长者有更加安全的居所。目前“平安通”已覆盖澳门特区各区域。江门市则于2015年9月21日正式启用“平安通”服务平台，平安通项目是江门市首届“养老·助残”公益创投活动项目，主要通过24小时的紧急支持服务及联合社会各方资源，提供个性化关怀和支持服务，目前服务老年人约达1.4万人，“平安通”构建了较为完美的管理服务平台，也开发了“分秒通”等硬设备，实现一键紧急呼叫服务中心。

当前江门市、澳门特区两地的居家养老中心、“平安通”服务中心都建立了各自长者数据库及相关信息管理系统，但互相没有实现数据共享，未能实现联动，同时鉴于居家养老所需要的大量专业化的工作人员，未能更好地实现精准化服务。为更好地开展智能养老，江门市政府、五邑大学，以及香港岭南大学将联合成立粤港澳大湾区社会工作（居家养老）研究中心、智能家居养老示范实验室，也出台系列扶持优惠政策，明确境内外资本投资举办养老机构享受同等优惠待遇，致力于共同打造完善的智慧养老产业链。

（三）江门市与澳门特区智慧养老园区建设规划

鉴于江门市、澳门特区的养老现状，江门市与澳门特区共建智慧养老园区将大有可为，联手打造新兴的智慧养老产业，共创大湾区智慧养老。

江门市、澳门特区两地交通较为方便，充分发挥江门市土地资源丰富、生态宜居，以及澳门特区人才和资金的优势，率先建立一个以资讯化为基础的智慧养老应用示范园区，园区内规划养老服务中心、养老研究中心、养老产业区、医疗卫生机构、公安消防机构等公共基础设施服务区。整个园区建立智能公共交通系统，整体规划道路网络、慢行交通、无障碍通道、停车场等，推行绿色交通。江门市与澳门特区智慧养老园区规划逻辑结构如图 1 所示。

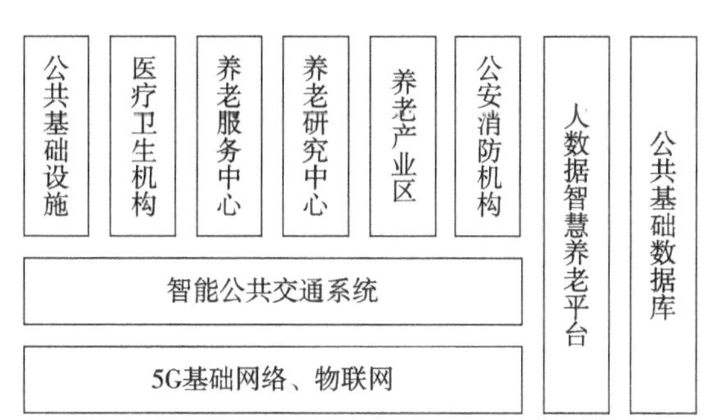

图 1　江门市与澳门特区智慧养老园区逻辑结构

资料来源：笔者绘制。

园区着力培育 5 家以上具有示范引领作用的行业领军企业。积极引导和推动智慧养老关键技术产品研发，可考虑主要发展可穿戴设备、便携式健康监测设备、自助式健康检查设备、智能养老监护设备，以及家庭服务机器人。

智慧养老园区建设 5G 网络系统，部署高清摄像头、各类传感器，搭建物联网系统，实现数据自动采集，推动大数据智慧养老公共服务平台的建设，促进各类医疗机构、养老机构、养老设备服务商、公安消防等之间的信息共享、深度开发和合理利用，通过健康养老大数据的深度挖掘与应用推动智能养老的产业化。

智慧养老园区的信息化建设是核心基础，是园区智慧的体现。搭建大数据智慧养老平台，利用大数据、云计算、人工智能等技术和手段，深度分析和挖掘，实现预测预警，变被动服务为主动，提供专业、精准、智能化的养老服务。

三、问题及建议

建设江澳智慧养老园区、开发大数据智慧养老平台，需要面临不少困难，其中最为关键的是政策、技术、隐私和资金方面的问题。

（一）建立健全政策体系

由于江门市与澳门特区两地养老等政策上的差异，需要建立适合智慧养老园区正常运行的政策体系，包括养老待遇差异化问题、两地老年人流动问题、政务数据对接、个人养老（医疗）数据对接等。

（二）发布核心技术标准

智慧养老产业要有序对接国家健康养老标准体系，从而推动智慧养老系统在大湾区的规范化和标准化，建立统一的设备界面、数据格式、传输协议、检测计量等标准，使智慧养老产业发展规范有序。

（三）立法保护个人隐私

大数据智慧养老平台的建设，意味着个人的众多相关信息将在平台中流转，甚至需要开放给相关工作人员，这将导致个人隐私信息时刻有着被侵害的风险。通过技术手段可以解决一部分问题，但不能完全避免，这就需要立法来遏制信息安全被侵害的行为，也使在个人隐私受到侵害时，能够有一定的法律进行支撑，为其维护权利。

（四）加大政府资金投入

将老年事业发展经费纳入财政预算，建立与人口老龄化和养老服务发展需求相适应、与财政承受能力相匹配的财政投入机制。建立事权与财权相匹配的补贴制度，界定市政府和园区养老服务财权与事权的关系，建立基于支出责任和服务职能的资金分担制度。同时大力引进民间资本，促进智慧养老园区良好有序发展。

四、结束语

人口老龄化问题日趋严峻，养老成为政府和家庭必须面对的一个社会问题，传统的居家养老和机构养老存在着局限性，不能有效地解决该问题。近年来，国家、省、市都出台相关政策，推进智慧养老产业发展进程。智慧养老园区的建设有其迫切性，也有现实意义；构建大数据养老平台，打通各类数据之间的界面，利用大数据、人工智能技术对养老数据进行深度分析和挖掘，为居家养老提供个性化、物联化、互联化、智能化的服务。

参考文献

[1] 中华人民共和国国家统计局. 人口年龄结构和抚养比 [EB/OL]. [2018-12-31]. http：//data. stats. gov. cn/easyquery. htm? cn=C01&zb=A0301&sj=2018.

[2] 国务院. 国务院关于积极推进“互联网+”行动的指导意见 [EB/OL]. [2015-07-04]. http：//www. gov. cn/zhengce/content/2015-07/04/content_10002. htm.

[3] 工业和信息化部，民政部，国家卫生计生委. 智慧健康养老产业发展行动计划（2017—2020）[EB/OL]. [2017-02-06]. http：//www. miit. gov. cn/n1146285/n1146352/n3054355/n3057643/n3057649/c5489620/content. html.

[4] 胡凡. 智慧养老发展现状及对策研究 [J]. 经济研究导刊，2019（9）：49-51.

[5] 许晔，孟弘，程家瑜等. IBM“智慧地球”战略与我国的对策 [J]. 中国科技论坛，2014（4）：20-23.

[6] 中华人民共和国住房和城乡建设部办公厅. 住房城乡建设部办公厅关于公布2013年度国家智慧城市试点名单的通知（建办科〔2013〕22号）[Z]. 2013-08-01.

[7] 中国社科院经济研究所. 面对人口老龄化的养老产业如何发展 [EB/OL]. [2015-06-05]. http：//ie. cass. cn/window/jjzs. asp? id=1271.

[8] 何珊珊. 信息化技术应用于为老服务研究 [D]. 武汉科技大学硕士学位论文，2015.

[9] Leuven，Belgium，Eindhoven. Monitoring Your Health with Your Mobilephone [Z]. http：//www2. imec. be/be_en/press/imec-news/wirelesshealthnecklaceinterface. htm，2010.

[10] 王欣刚. 信息化养老服务系统平台的规划与设计 [D]. 南京邮电大学硕士学位论文，2011.

［11］朱晓凤. 基于 Android 技术的智慧养老平台设计与实现［D］. 北京邮电大学硕士学位论文，2013.

［12］Chan M.，Campo E.，Estève D.，et al. Smart Homes-current Features and Future Perspectives［J］. Maturitas，2009，64（2）：90-97.

［13］Rialle V.，Duchene F.，Noury N.，et al. Health "Smart" Home：Information Technology for Patients at Home［J］. Telemedicine Journal and E-Health，2002，8（4）：395-409.

［14］Tabar A. M.，Keshavarz A.，Aghajan H. Smart Home Care Network Using Sensor Fusion and Distributed Vision-based Reasoning［C］//Proceedings of the 4th ACM International Workshop on Video Surveillance and Sensor Networks. ACM，2006：145-154.

［15］Ogawa M.，Suzuki R.，Otake S.，et al. Long-term Remote Behavioral Monitoring of the Elderly Using Sensors Installed in Domestic Houses［C］//Engineering in Medicine & Biology，Conference & the Fall Meeting of the Biomedical Engineering Society EMBS/BMES Conference，Second Joint. IEEE，2002（3）：1853-1854.

［16］左美云. 智能家居让生活更美好［J］. 智能建筑，2010（2）：20-21.

［17］魏广巨. 智能养老安防服务——民用安防市场的新增长点［J］. 中国安防，2013（11）：90-93.

［18］Wada K.，Shibata T.，Saito T.，et al. Psychological and Social Effects of One Year Robot Assisted Activity on Elderly People at a Health Service Facility for the Aged［C］//Proceedings of the 2005 IEEE International Conference on Robotics and Automation. IEEE，2006.

［19］王丹锐，胡海波. 基于知识图谱的国内外智慧养老研究进展评述［J］. 探索与研究，2019，5（1）：56-70.

江门市与澳门特区居家养老服务及政策对比研究

梁健玲*

摘　要：江门市与澳门特区同为“老年型社会”，其中江门市的老龄化程度比澳门特区情况严重，预计到2036年，两地的老龄化比例都会超过25%。在居家养老服务上，澳门特区的设计主要参考香港特区的设计。在服务政策框架、服务体系、服务模式、人手配置的合理性上比江门市完善，江门市的居家养老服务有场地的优势，但是缺乏相关服务政策的配套。在建设“粤港澳大湾区”的背景下，本文聚焦两地的居家养老政策和服务，在人口比例、为未来打通两地的服务及政策提供基础数据。

关键词：居家养老；政策；服务

一、引言

粤港澳大湾区由香港特区、澳门特区和广东省广州、深圳、珠海、佛山、惠州、东莞、中山、江门、肇庆（珠三角）九个地市组成。其战略定位有五个：一是充满活力的世界级城市群；二是具有全球影响力的国际科技创新中心；三是“一带一路”建设的重要支撑；四是内地与港澳深度合作示范区；五是宜居宜业宜游的优质生活圈。江门市是“大湾区”中重要的节点城市之一，也是“中国第一侨乡”，在澳门特区居住的人口当中，江门市户籍的人口占比达1/3以上，在推进“粤港澳大湾区”建设中，江门市将发挥重大的作

---

* 梁健玲，五邑大学政法学院教师。

用。本文以“居家养老”为切入点，对比两地的异同，为打通两地服务及政策提供参考。

对比相关的资料，澳门特区、江门市对“居家养老”的理解不一。根据全国老龄工作委员会办公室的定义，居家养老服务是指政府和社会力量依托社区，为居家的老年人提供生活照料、家政服务、康复护理和精神慰藉的一种服务形式。① 事实上，国内对“居家养老”的概念比较模糊，在已有研究中，发现国内大部分地区将老年人日间照料、社区安老服务、老年社区教育服务等纳入“居家养老”的范围。如2018年江门市民政局颁发的《社区居家养老服务机构设施设备配置规范》明确社区居家养老服务项目内容。社区居家养老服务主要包括社区日间照料和上门服务两种形式，社区日间照料主要是指提供午休服务、集中用餐、文化娱乐、康复护理、医疗保健、安全援助、法律援助、转介服务等服务项目；上门服务主要是指提供家务服务、生活照料、送餐服务、精神慰藉等服务项目。

在查阅澳门特区相关文献或服务简介中却没有出现“居家养老”的字词。出现频率较高的是“家居照顾及支持服务”“长者日间护理中心”“长者日间中心”“家居护养服务”等。可见澳门特区在服务项目及内容的划分上与江门市并不一样。内地大部分地区将所有机构养老以外的服务统称为“居家养老”。澳门特区并没有这个“概念”，所以在探讨两地服务的时候，需要避免引起误会。

此文“居家养老”服务的概念以服务场景为分类，指除机构养老外其他的服务，包括社区及家庭的服务场景。

二、江门市与澳门特区人口数据及情况分析

（一）2018年江门市与澳门特区老年人口数据

江门市2018年户籍总人口为396.37万，常住人口为456.17万，根据江门市老龄工作委员会办公室提供的数据资料，江门市60岁以上户籍老年人达82.6万，占户籍人口总数的20.7%，65岁老年人口数量为55.5万，占户籍

① 褚湜婧，王蕴，杨胜慧. 典型福利类型下居家养老服务的国际比较及启示［J］. 人口与经济，2015（4）：122-129.

人口总数的14.2%。高于全国和广东省平均水平，且老年人数以每年2.5万~3万人的速度增加，预计2036年将达到25%以上。根据澳门特别行政区政府统计暨普查局网站数据，2018年澳门特区总人口数为66.74万，本地人口数为54.8万，65岁老年人口为7.4万，老年人占当地人数的13.5%，预计到2036年会达到20.7%（见表1）。可见江门市的人口总数为澳门特区的7倍多，江门市老年人口的比例比澳门特区多出0.7%。[①] 根据联合国统计局口径，65周岁及以上老年人口比重达到7%以上即为“老年型社会”，达到15%以上即为“超老年型”社会。可见，江门市及澳门特区同为“老年型社会”，江门市的老龄化形势比澳门特区严重，而且江门市人口是澳门特区的7倍多，江门市65岁老年人口是澳门特区人口的8倍。

表1　2018年江门市与澳门特区人口相关数据

地区	总人口（万）	户籍（本地）人口（万）	65岁以上老年人口数（万）	老年人口占比户籍人口比率（%）
江门市	456.17	396.37	55.5	14.2
澳门特区	66.74	54.8	7.4	13.5

（二）2015年江门市与澳门特区老年人口和少儿人口抚养比数据

对比两地“老年人口抚养比率和少儿人口抚养比”的数据（见表2），2015年江门市的老年抚养比为15.2，少儿抚养比为18.8，澳门特区2015年的老年抚养比为15.1，预计到2036年达至38.622。可见澳门特区与江门市的老年人口的抚养比是相近的，即约10名年轻人养育1.5名老年人和2名儿童。江门市受计划生育政策的影响及2016年开放二胎政策，很多家庭都为独生子女家庭，未来将呈现出“422”家庭结构，青壮年的照顾压力会进一步加剧。澳门特区是世界生育率最低的地区之一，加上两地人口急剧老化，预计劳动人口在支撑长者人口上会有非常大的压力。

① 中共江门市委政策研究室档（2016）24。

表2　2015年老年人及少年儿童抚养比

地区	总抚养比	老年抚养比	少年儿童抚养比
广东省	34.87	11.44	23.43
江门市	34	15.2	18.8
澳门特区	35	15.1	19.9

资料来源：澳门特别行政区政府统计暨普查局统计数据库网站，详见 https：//www. dsec. gov. mo/zh-MO/。

三、江门市与澳门特区的居家养老政策对比

（一）两地的政策目标不一样

澳门特区制定的《养老保障机制及2016至2025年长者服务十年行动计划》作为未来澳门特区养老服务设计的指导性政策。① 该政策的依据主要是2012年澳门特区政府委托亚太老年人研究中心做的调研后发表的报告《澳门养老状况及政策研究报告》。② 该调研引入联合国推动的“积极老龄化”（Active Ageing）及“老年友好社区”概念，以“医社服务、权益保障、社会参与、生活环境”4个范畴去调研和分析澳门特区老年人的诉求，并在这4个范畴中制定14个分范畴，每个范畴制定详细的行动计划和检讨机制。可见，澳门特区的养老政策的目标是实现“积极老龄化”和建设“老年友好社区”，围绕这个目标制定具体的行动方案。

江门市的居家养老政策主要依据全国、广东省关于老年事业的精神指导下进行，如“高度重视养老事业发展，出台扶持优惠政策，深化‘放管服’改革，提升养老服务质量，增强养老服务供给能力，着力构建以居家为基础、社区为依托、机构为支撑、医养相结合的适度普惠社会养老服务体系。”江门市的居家养老政策主要以省的指导精神为主，政策的目标是实现“建设社会养老服务体系”。

① 养老保障机制及2016至2025年长者服务十年行动计划［EB/OL］. http：//www. ageing. ias. gov. mo/.

② 澳门养老状况及政策研究报告［EB/OL］. http：//www. ageing. ias. gov. mo/.

（二）澳门特区成立跨部门研究小组研究养老问题并制定政策

澳门特区政府于2012年11月设立了由十多个公共部门组成的澳门养老保障机制跨部门研究小组负责对澳门特区长者的医疗住房退休保障的议题进行综合研究，并在研究的基础上逐步建立系统化的澳门特区养老保障机制。江门市的居家养老政策制定是由上而下的，主要由市民政局依据省要求统一部署，在具体制定时也会结合当地的实际，但未形成跨部门的合作机制，如居家养老服务中，老年人的上门医疗问题、医疗保险问题、居家养老的场地建设问题难以靠民政局一家解决，必须有上级的统筹机构才可以协调解决。

（三）政策覆盖的范围不同

澳门特区评定该老年人是否可以享受该服务主要评估其身体功能及以老年人的需要为本。江门市的居家养老服务申请受年龄、经济、区域条件的限制。如澳门特区的“平安通”呼唤服务中，申请对象要求为“独居长者、年迈夫妇、长期病患者、有需要的人士”；而江门市的“平安通”条件为“‘三无’、‘五保’老年人，80岁以上的老年人（独居或患有严重慢性疾病或行动不便且自立能力差或低收入）、90岁或以上老年人、‘低保’重度残疾人”，可见两地覆盖的范围不一样，江门市有数量上的限制。

（四）主要购买服务的部门不同

澳门特区的居家养老服务为澳门特别行政区政府社会工作局统一设计及资助，购买服务方为澳门特别行政区政府社会工作局。江门市由于划分为蓬江区、江海区、新会区，还有台山、开平、恩平，各地的居家养老服务财政预算不一样，其发展就不一样，购买服务的经费也不一样。有的地区为区一级民政局购买，有的地区为镇政府或街道办事处购买，购买的内容主要与当地的需求及政府的要求相关。

（五）两地的居家养老服务社会化政策导向不一样

澳门特区的居家养老服务主要以政府购买社会组织的服务为主，如澳门特区最大的两个社会服务机构——澳门街坊福利会和澳门明爱，承接了大部分的政府业务，购买流程主要为社会机构制定预算，由澳门特别行政区政府社会工作局审批、支付、监督。某些新的服务如“平安通”项目采用“招投标”的方式，也由非营利机构运营，也有部分新项目会用“补贴”的形式鼓励非营利机构尝试。江门市自2012年开始大力发展社会组织，政府引导“养老助残”为购买服务的方向，社会组织在近几年也有了很大的发展，但是内地政策鼓励商业机构进入“居家养老”服务，期待有资本能投入硬件设施，鼓励商业机构探索市场化的路径，减少政府的投入。

四、江门市与澳门特区的居家养老服务对比

（一）澳门特区居家养老服务发展比江门市早

我国居家养老服务的政策开始于2000年2月，国务院办公厅转发了11个部委制定的《关于加快实现社会福利社会化的意见》（以下简称《意见》），明确了社会福利社会化的指导思想，“在供养方式上坚持以居家为基础、以社区为依托、以社会福利机构为补充的发展方向”。以《意见》为依托，全国开始居家养老服务的探索。①

2012年以前江门市的居家养老服务大部分以“政府自营”形式进行，由政府下属镇街聘请“家政员”为社区内“低保”、孤寡、“五保”老年人提供家政、精神慰藉等服务。如蓬江区白沙街道聘请多名家政人员为辖区困难老年人提供服务。2012年底，在充分调研的基础上，江门市委、市政府提出统筹构建“大民政”综合保障体系。提出必须以居家养老为重点，以机构养老为辅，居家养老才是突破口，必须要让社会组织来帮助政府完成居家养老及助残工作，从而开启政府向社会组织购买居家养老服务。

1992年社会组织澳门明爱开始探索居家养老服务，1993年该项服务得到澳门特别行政区政府社会工作局（当年称社会工作司）的支持。由澳门明爱、澳门工会联合总会和澳门联会总会三个社会组织开设的“长者日间中心”正式开展家务助理服务。2005年7月，在原有的服务中加强专业护理及康复服务，正式将“家务助理服务”与“独居长者支持服务”合并命名为“家居照顾及支持服务。”

① 邓大松，王凯. 国外居家养老模式比较及对中国的启示［J］. 河北师范大学学报（哲学社会科学版），2015（38）：139.

(二) 居家养老服务内容及数量差异大

由表 3 可知，江门市和澳门特区在老年人口数量上相差 8 倍多，但是在养老服务方面，澳门特区的服务比较完善。在娱乐及教育方面，澳门特区有长者日间中心和耆康中心，澳门特区第一家耆康中心成立于 1982 年，到 2019 年共有 23 家，是社区性的基础长者社会服务设施。服务通过提供包括休闲聚会、文康活动、健康教育、义工服务以及各类兴趣班和社区活动等，以协助长者丰富日常生活，满足长者社交、娱乐、学习及其他发展需要，达致“活跃老年”的目标。[①]澳门特区的长者日间中心共有 9 家，是在耆康中心的服务基础上，增设了包括膳食、洗衣、沐浴、理发等多元化的日间生活支持服务，还有为家庭护老者提供的“护老者支持服务”。家居照顾及支持服务有 5 队，每队约有 25 名工作人员（护士、护理员、康复市、社工等）组成专业团队，主要提供上门照料的服务。据江门市媒体的报道，2019 年全市已经建设有 2558 个居家养老服务站，但是从相关的研究报告可见，由于资金及人才的不足，居家养老的服务仅限制在娱乐及教育的层面，大部分场地被闲置，不能满足老年人的居家养老服务需求。但在“平安通”的服务方面，两地却非常相似，都建设了一个平台，具体数据如表 3 所示。

表 3　2018 年澳门特区和江门市老年服务比较

类别	澳门特区（统计至 2018 年 12 月）		江门市（统计至 2018 年 12 月）	
	服务内容	数量	服务内容	数量
娱乐及教育功能	长者日间中心	8 家	居家养老服务中心	5 家
	耆康中心	24 家	公益创投服务中心	45 家
居家支援服务	家居照顾及支援服务	6 队约 130 人	上门服务	2 个项目约 40 人
	长者日间护理中心	3 家	社区食堂（堂食、送餐）	31 家食堂
	独居长者关怀服务网络	1 家	—	—
	独居长者联网支援计划	25 家中心参与	—	—

① 资料来源：http：//www. ageing. ias. gov. mo/service/entertainment。

续表

类别	澳门特区（统计至2018年12月）		江门市（统计至2018年12月）	
	服务内容	数量	服务内容	数量
“平安通”服务	澳门“平安通”呼援服务中心	1家	“平安通”服务	2项 市级平台一个 鹤山平台一个

资料来源：2019年《澳门统计年鉴》。

（三）两地投入的资金差距较大

从相关的数据可知，澳门特别行政区政府社会工作局2018年整体投放于社会服务范围内的费用超过27.14亿元，共有254家/项的社会服务设施/计划获得澳门特别行政区政府社会工作局的资助，总资助金额超过14.31亿元，受资助的工作人员达3900多人。① 其中，2017年在老年人服务中用于偶发性活动资助及维修工程、购置车辆、器材等开支约1200多万元（2017年澳门特别行政区政府社会工作局工作报告）。而江门市2018年投入居家养老服务的专项经费约为2000万元。虽未能得到澳门特区实际上购买居家养老服务的金额的数据，但是从整个投入来看，两地差距较大。

由于两地都有“平安通”的服务项目，笔者以此两个项目进行对比分析，可以看到两地在服务资金投入的差距。“平安通”服务是通过家居固定网络电话为使用者提供24小时的服务。同时也为长者提供资源链接服务及日常生活服务，如情绪支援、定时问安、社区信息、转介服务及定期探访。以2018年的数据分析可知，澳门特区的服务对象人数是江门市的1/4，但是工作人员比江门市多16人，服务运营经费是江门市的4倍多，可见两地是有一定差距的（见表4）。

① 资料来源：2019年《澳门统计年鉴》。

表 4　2018 年江门市与澳门特区“平安通”服务数据对比

地区	服务人数（人）	工作人员数量（人）	服务运营经费投入（不含网络费用及硬件费用）
江门市“平安通”	1.6 万	35（其中 5 名兼职）	约 300 万元/年
澳门特区“平安通”	4583	51	约 1400 万元/年

资料来源：笔者根据 2019 年《澳门统计年鉴》及《江门市居家养老现状研究》整理而成。

五、总结

（一）居家养老服务与政府的财力有重大关系

澳门特区与江门市对社会服务的投入两地的差距很大。而居家养老服务作为其中的一类社会服务，其服务的覆盖面及服务的专业程度与政府投入有莫大关系。江门市的老年人口是澳门特区的 8 倍多，但是在社会服务的投入却不足澳门特区的 1/10，可见投入的差距直接导致服务的差距。

（二）澳门特区与江门市的居家养老服务处在不同的发展阶段

从上述分析可见，澳门特区的居家养老服务已经为全民覆盖，并在服务上向规范化及专项化发展，如在访谈中，相关机构的负责人表示澳门特区政府会推出专项经费聘请专家为各个服务机构提升服务水平，叫作“优化服务计划”。而江门市的居家养老服务处于刚起步的阶段，部分区域有服务的雏形，但是大部分区域还是处在“从无到有”的过程中，居家养老的政策处在“出台”的阶段，居家养老年人才也不足。内地的居家养老服务需要很大，目前的服务已经满足不了老年人的需求，近年江门市政府在场地的设置方面已经有了很大的推动，未来在具体的政策落实、服务质量的提升、人才的培养方面有很大的空间。

六、相关建议

（一）在顶层设计上，江门市可以借鉴澳门特区的经验

参考澳门特区做法对基本的养老状况进行调研，如澳门特区在 2012 年出台了《澳门养老状况及政策研究报告》，报告从澳门特区的人口挑战、老年人

的医社服务、经济保障、社会参与、生活环境等方面进行了翔实的数据分析和建议，澳门特区政府依据该调研结果制定了《2016至2015年的长者十年行动计划》。建议江门市也针对老年人的养老状况、需求及服务的可及性进行调研，制定适合江门市发展的“老年人服务目标”及“老年人服务十年行动计划”，在每一项目标中设定清晰介入的短期或长期的措施，如澳门特区在十年行动计划中制定2016~2017年的短期措施就有141项。再参考澳门特区的监督执行机制，成立由跨部门组成的研究小组，该小组的组长为行政长官，该小组定期对相关措施进行检讨，共同推进。

（二）以联合国的“积极老龄化”“老年友善城市”“老年友善社区”的标准来打造老龄产业

所谓“积极老龄化”，是指老年人为提高老年生活质量，按照自己的需要、意愿和能力，仍可积极参与社会、经济、文化和公共事务，并且得到充分的社会保护。2002年世界卫生组织（WHO）专门公布了《积极老龄化：一个政策框架》报告，较为系统地阐述了“积极老龄化”战略思路。“老年友善城市”的理念旨在消除参与家庭、社区和社会生活的障碍，形成对老年人友好的城市环境。2009年起，全国老龄工作委员会办公室在全国开展“老年宜居社区”和“老年友好型城市”建设试点工作①，例如江门市要在粤港澳发展中紧抓机遇，发挥江门市宜居优势，打造粤港澳“居家养老”的服务示范中心，江门市在服务设计上需要有国际化的理念，在先进的理念指导下设计服务、开展服务，可借助“香港岭南大学—五邑大学居家养老联合创新研究中心”来调研、设计相关服务，让服务能接驳我国港澳地区。

（三）沿用澳门特区居家养老服务标准为澳门特区老年人到江门市养老做准备

从澳门特别行政区政府社会工作局相关负责人访谈中发现，约700名的澳门特区永久居民在江门市养老，未来愿意回到江门市养老的老年人正在不断增加，澳门特区有意愿推荐内地的机构养老，假如江门市有好的居家养老服务，也可以纳入澳门特区老年人的选择中。未来很有可能由澳门特区政府

① 资料来源：https：//baike. baidu. com/item/老年友好型城市/12698575。

推动资助该项服务，提升江门市居家养老服务的质量。也可以邀请一些澳门特区的社会组织到江门市发展，或与本地的社会组织合作，共同发展。

（四）在居家养老年人才的培育上，建议引进澳门特区或香港特区的教育资源，培养护理、护工、康复、社会工作等老年人服务人才，为未来两地的老年人服务提供人才储备

随着老年人口的增加，两地对居家养老年人才的诉求必然大幅度提升，建议增设“养老管理”“养老护理”的课程，开设不同的学历阶段的课程，培养适合的人才来应对人才的需求。建议发挥五邑大学、江门职业技术学院、江门中医院学校的作用，与澳门特区或香港特区的高校合作，联合培养。

发挥湾区联动优势，提高跨城医养合作互补水平

——以澳门特区、江门市协同发展为例

张树剑　滕俊飞*

摘　要：《粤港澳大湾区发展规划纲要》的出台为进一步打破原有的跨城市合作壁垒，提升湾区内的城市和产业协作水平注入了新的活力。澳门特区不仅是连接江门市等珠江西侧城市的重要支点，也起到连接东南亚、拉丁美洲和葡语国家的门户作用。同时近年来在政府依托湾区合作和推动产业升级与多元化政策的背景下，具有澳门特区特色的医疗、养老产业乘势蓬勃发展；江门市等珠江西侧的城市，在产业升级转型和开拓新式跨城合作等方面取得突出成果，与澳门特区在培养重点专科人才、建设医养科创平台和医养基础设施等领域的互补有较大合作空间。本文立足澳门特区自身的特点，希望在大湾区的区域合作视角下，为如何更好地利用湾区协同联动效应，发挥湾区城市间的潜在优势，为提高跨城医养合作互补水平提供政策建议。

关键词：湾区协作；医养合作；大健康产业

一、引言

《粤港澳大湾区发展规划纲要》（以下简称《纲要》）的出台标志着大湾区的对外开放和跨城合作都进入了新阶段。澳门特区作为中国自古以来的对

---

* 张树剑，深圳大学当代中国政治研究所副所长、研究员；滕俊飞，深圳大学城市治理研究院助理研究员。

外开放的窗口，兼具“一国两制”的优势，近年来对产业多元化和培养特色产业如医疗和养老都有着极高的需求和关注度；江门市等珠江西侧的城市在土地资源、自然环境和侨乡知名度等方面有着得天独厚的优势，在大湾区基建不断完善和广东省人口老龄化日益严峻的形势下，医养产业的发展具有巨大潜力。在大湾区城市协作的角度下，充分发挥澳门特区和江门市等珠西城市的优势，因地制宜，协同合作，取长补短，有助于创造出更大的“合作红利”，深化跨城医养产业的合作，打造一个兼具各方特色的发展平台。

二、澳门特区与江门市在大湾区的重要定位

澳门特区是独立关税区，社会制度、商业运行模式与境外不少国家和地区无缝接轨。澳门特区完全能充分利用自身优势条件，发挥作为“海上丝绸之路”的重要一站的历史地位和影响，加大对葡语国家的辐射。在外部条件持续优化及国家政策的强力支持下，澳门特区打造中葡平台前景广阔，潜力巨大。① 澳门特区作为国际性都市，也处于“一带一路”的关键节点，在金融投资、贸易物流、现代服务和跨国人才等领域有着丰富的经验积累，这与“一带一路”提倡的政策沟通、道路联通、贸易畅通、货币流通和民心相通等核心内容高度契合，既具备全面服务“一带一路”建设的能力和优势，也能有效支持澳门特区经济的继续转型升级。② 近年来澳门特区通过持续深化粤澳合作建设了包括中医药科技在内的一系列新的发展平台，为本地特色产业发展和走向世界提供良好平台。

江门市地处广东省承东启西的关键地理方位，是珠江三角洲西岸城市中心，东连广佛都市圈和深港澳经济圈，特别是在城际铁路、高铁等交通基建不断完善的背景下，与两大经济区域的来往时间进一步缩短，甚至担起辐射粤西乃至大西南的重任；江门市在珠江三角洲的九个城市里面拥有的中国港澳同胞最多、华侨资源最为丰富的优势，在拓展“一带一路”沿线国家和地区的经贸合作，打造好国家级平台载体“侨梦苑”的规划中占得先机。③ 从

---

① 陈思敏．“一带一路”背景下澳门加快打造中葡平台的建议［J］．特区经济，2015（12）：13-14.

② 孙久文，潘鸿桂．“一带一路”战略定位与澳门的机遇［J］．现代管理科学，2016（1）：27-29.

③ 黄殿晶．争当粤港澳大湾区发展新引擎［N］．中国改革报，2019-03-13（10）．

大湾区拓展方向、发展潜力以及与我国港澳地区融合的人缘优势来看，江门市的角色都是不可或缺的。

三、大湾区下医养跨城市合作动力与潜力并存

（一）大健康产业在澳门特区的发展具有巨大优势

（1）澳门特区的大健康产业在社会的整体认可度高，外向性强，有着立足本地、面向世界的特点。澳门特区的中医药发展能够依托民间浓厚的氛围以及广泛的民众基础。海外的侨胞通过各自所属的宗族、地方同窗（同乡）会等形式的社团组织紧密联系在一起。经过多年的发展，这些社团组织在澳门特区及“一带一路”沿线国家的社会经济中具有一定的影响力和号召力。吸引他们参与到大健康产业尤其是中医药领域当中，不仅有助于形成与澳门特区相匹配的特色的大健康产业文化，也有利于以此作为桥梁，填补现有的文化空白，向葡语国家推广和宣传，增进他们对中医药—大健康产业的了解与认同，让他们成为澳门特区的大健康产业和葡语国家之间的引荐人、介绍人。

（2）澳门特区的大健康产业人才培养制度完善，中医药人才的培养实行中西并行并用。澳门特区医学界人士大多数精通汉语、英语、葡语，且很多是从国外知名大学毕业或者从事专业研究，在语言上没有沟通障碍。同时，澳门特区尊重知识和人才，崇尚学术，有着良好的学术条件和风气。澳门特区的学术人才培养方式源自西方，无论是培养方法、学术理念还是研究标准都与国际生物学界相近或者接轨，故而其研究结果能够被主流医药市场所接受和认可，这在大健康产业尤其是中医药从澳门特区走向世界舞台的过程中能发挥至关重要的作用。

（3）澳门特区在产业政策扶持协作和产学研协作机制上运行良好，有利于释放市场办医的能量，同时通过与多方面合作建设产业科技园，进一步深化产学研协作，抢占了大健康产业制高点。例如，澳门特区政府于 2009 年启动实施“医疗补贴计划”，通过补助居民医疗开支，在推广家庭医生制度和鼓励市民更重视个人保健意识的同时，加强公营医疗机构实体及私营医疗市场

的合作，提升社会医疗服务综合水平，加速医疗市场多元化的发展。[①] 粤澳中医药科技产业园是自2011年《粤澳合作框架协议》签署以来，首个正式落地实施的粤澳合作建设项目，能够整合广东省在传统中医药科技产业市场、教育、医疗保健等方面的优势，同时借助澳门特区的科技创新能力及人才的培养体制，吸引国内外大型医药企业在产业科技园内落户，为澳门特区大健康产业融入"一带一路"建设产生积极影响。

（二）澳门特区大健康行业发展空间受多种条件掣肘

2019年恰逢澳门特区回归祖国20周年，在这20年，澳门特区经济、社会发展均取得重大成就，社会秩序稳定，基建、民生、福利等方面显著改善。从国家"十二五"规划明确提出支持澳门特区推动经济适度多元化，澳门特区政府近几年也努力推进经济向适度多元化调整，但是土地面积、人力资源、产业结构等问题却一直是很大的制约。

1. 人力资源结构不完整制约产业发展

在11个粤港澳大湾区城市中，总体来说人力资源丰富但是存在着结构不合理和人才供求不等的问题，而澳门特区又尤为突出。近十年来尽管国际经济环境出现过不少波动，但澳门特区失业率稳中有降，大体实现了充分就业。2018年澳门特区总体失业率为1.8%，同比下降0.2%，本地居民失业率为2.4%，和2017年相比下降了0.3%。就业不足率为0.5%，尽管同比增加0.1%，但依然处于较低水平。劳动人口约为39.3万人，扭转了2017年同期的跌势。但数据背后反映出的是澳门特区人力资源现状呈现出劳动人口总量不足、结构不合理、就业领域过于集中及人才供求不等，对高层次人才缺乏吸引力等特征，例如大量从业人员依然集中在博彩、酒店和建筑行业，而医疗护养、金融、高科技等行业从业人员依然较少。这种人才结构难以适应澳门特区经济社会持续性发展的需要，也不利于推动澳门特区产业多元化和培育医养结合的大健康等新兴产业。

2. 基础建设和医养保障设施较不足

随着澳门特区社会和经济的发展及需求的与日俱增，现有的医疗和养老

① 胡彬．澳门：为中医药走出去开窗搭桥［N］．中国中医药报，2016-08-01（001）．

体系面临诸多问题和挑战。人口老龄化带来疾病谱变化，慢性病发病率上升。这一发展趋势使基础医疗保健、健康管理、长期照护等方面的需求快速增加，对不同类别医疗服务之间的合作、衔接提出了更高的要求。澳门特区面临难以吸引、留下高素质医疗卫生人才的困境，而医疗卫生服务水平的提高，其核心要素就是高水平的医生。另外，由于人群规模小、某一类疾病特别是复杂疾病的患病人数小等客观原因，也导致无法供养能够诊治疑难疾病的高水平医生。澳门特区居民对高质量医疗服务的需求日益增加，而现有澳门特区医疗服务的供给明显无法满足其需求。[①] 医养保障设施不足制约着澳门特区医疗的进一步发展，也牵制着大健康产业的成长空间。

（三）江门市面对产业升级和结构调整，为培育大健康产业提供机遇

在粤港澳大湾区建设提出之前，由于深圳、广州等城市的产业结构升级，江门市就已经成为湾区内最早承接产业转移的城市之一。根据《广东财政年鉴》，2017 年江门市实现地区生产总值 2690.25 亿元，其中第二产业增加值为 1293 亿元，增长率达 7.5%，规模以上工业增加值为 1145.5 亿元，增长 10%。可以说江门市通过以工业为主导产业，极大地带动了地区经济稳步发展。随着江门市提升经济发展质量和粤港澳大湾区城市进一步融合发展的需要，处于新旧动能转换时期的江门市也遇到了产业调整和优化的机遇和挑战。

1. 传统主导产业后劲较为不足，需兼重环境治理

近年来，国内外的经济环境较为不稳定，起伏较大，江门市要更为积极地进行经济结构的调整，而投资环境恶化以及市场变化，也令江门市主导产业结构发生变化。一方面，土地、人力资源、生产、污染治理成本等在不断提高；另一方面，粤西北地区如清远、茂名、湛江以及其他欠发达城市将依靠较为丰富的劳动力、资源和相对较低的生产成本等比较优势来承接劳动、资源密集型产业的转移，这将令江门市面临与其他省内城市竞争关系加剧的局面，使原有的主导产业进一步扩大发展遇到更多“瓶颈”。并且粤港澳大湾区是国家“一带一路”倡议中的重要组成部分，意味着湾区内的城市和国际将有更多的连通，部分东南亚国家也有着相似的产业结构，这也将制约现有

① 王震，高秋明，林绮晴．澳门医改难题也很多［J］．中国卫生，2016（7）：109-110.

主导产业对江门市经济的牵引作用，增加了这些产业吸引投资的困难。同时在2019年江门市政府的工作报告中，更加注重对环境污染的治理和保护，多次提到对水污染和重污染、高能耗企业进行整治，这意味着江门市更需要尽快培育出如大健康产业等新的主导产业，以完成新旧产能交替。

2. 江门市大健康产业有庞大需求和强力政策支持

广东省65岁以上人口占总人口比例的8.48%，其中老龄化严重的江门市已达到了12.06%。[①] 澳门特区的人口老龄化速度同样在近年不断提升，澳门特区的人口结构自20世纪90年代开始渐趋向老龄化，老龄人口占澳门特区总人口的比例，由1960年的5.3%增至2011年的7.3%。[②] 根据澳门统计暨普查局2018年的数据，这个比例已经达到11.1%左右。从数据上看，无论是江门市还是澳门特区，老龄化人口都占有较大比例，这意味着以医疗和养老为主的大健康产业有着巨大的潜在市场和需求。根据马斯洛需求层次理论，老年人的自我实现和对健康的需求可以说是医疗、养老产业尤其是跨城跨境、高层次的服务业发展的巨大机遇。江门市作为著名侨乡，在承接我国港澳两地的养老需求上，有着周边城市无法比拟的、来自血缘的优势。数据显示，目前每三个澳门特区人就有一个祖籍江门市。[③] 江门市与我国港澳地区人员来往频繁，对于我国港澳地区祖籍在广东的老年人来说，回内地养老如落叶归根，可以有亲人照看，在精神上也能获得满足感，广东省的气候、生活习性、饮食、文化上也与我国港澳地区相似，江门市的这一独特的侨乡优势，能够为江门市成为我国港澳地区居民养老的基地，发展跨城合作的大健康产业提供有利条件。《纲要》中提到了6次“养老”，其中关于加强跨境公共服务和社会保障的衔接、支持我国港澳投资者在珠三角九市兴办养老等社会服务机构等规划，成为备受关注的养老看点。江门市政府不仅在2019年的工作报告中，提出积极建设“健康江门”，打造江门国际健康城，加快大健康产业的发展工作，在2019年5月后续出台的《江门市打造粤港澳大湾区西翼医疗中心

---

① 陈洁，王润良．粤港养老业协同发展研究［J］. 广州大学学报（社会科学版），2018，17（8）：52-57.

② 陈广汉，刘璐．澳门特区长者定居内地的趋势、原因和特征［J］. 华南师范大学学报（社会科学版），2013（4）：77-84.

③ 罗韵姿．江门可建粤港澳大湾区养老基地［N］. 南方都市报，2017-05-18（JB01）.

行动方案（2018—2020年）》的文件中提出建设健康湾区，将江门市打造成粤港澳大湾区西翼医疗中心，从而提升区域医疗综合服务能力的目标。打造区域医疗中心是适应江门市建设大健康产业的必然要求。作为健康产业的重要组成部分，江门市的医疗卫生事业必须融入江门市建设大健康产业的发展规划中。打造区域医疗卫生中心，整合江门市卫生资源，在卫生资源总量、健康指标、服务能力、管理水平、辐射能力等方面迅速加强，既符合江门市的发展方向和城市定位，也有利于进一步完善和提升江门市城市功能，增强城市的服务、聚集和辐射能力，符合江门市携手我国港澳地区塑造国际化、人性化一流营商环境的要求。融合我国港澳地区实验室的力量推进新会陈皮研究院建设，共同建立国际认可的新会陈皮生产种植规范化和中医药产品质量标准，建立以保健及药用产品为主的新会陈皮特色产业，推进中医药标准化、国际化。

3. 江门市需补齐医疗、养老的基建和人才“短板”

在医疗和养老两个方面齐头并进是适应江门市建设大健康产业的必然要求，与粤港澳大湾区内其他城市相比，与广东省内同级地市相比，江门市面临着一些难题尚需解决。首先，医疗资源的供给需要加强。城乡卫生基础设施建设还不完善，大型医院、城市和乡村基层医疗设施的建设与不断增长的医疗要求还不相适应，卫生信息化建设滞后于现代医疗卫生管理和发展需求。其次，养老服务的水平尚待提升，与日益增长的高龄老年人需求相比，养老供给缺口还是很大。目前广东省养老产业上下游产业链对接不够紧密，断层区域明显，整个养老产业市场处于较不成熟的状态。从事养老产业的相关企业功利性太强，片面追求经济效益，忽略了老龄人口的区域性、个性化、消费能力等因素。① 最后，人才资源是大健康产业发展的核心因素。但是目前江门市的医疗和养老年人才的培养也存在一定脱节。医疗方面重点专科建设和领军人才培养方面存在差距，江门市的医疗人力资源中，与其他地区相比，个体核心竞争优势不够明显，并且缺乏足够的医学科研创新平台和载体；养老产业也缺乏相关专业性、服务型人才。

---

① 王子飞．供给侧结构性改革背景下广东养老服务业发展对策研究［J］．特区经济，2017（12）：34-37.

四、深化湾区跨城医养合作，实现联动互补发展

澳门特区地理位置特别，优势和“瓶颈”都比较明显，江门市等珠江西侧城市同样有发展需求，双方实现互补拥有比较好的条件。因此要充分取长补短，按照粤港澳大湾区规划优化各自产业结构，强强联合，在多方面为深化湾区跨城医养合作、实现联动互补发展创造有利条件。

第一，江门市一直以来在广东省内都是重要的中医药资源基地之一，因此需要继续保持这一优势，并将这一优势转化为更大的发展动力。首先是完善中医药服务体系，除了加强中医专科门诊和中医医院的硬件建设，还应当从理念上进行宣传，增强人民群众对中医药的正确认识和认同感。其次还要充分发挥中医药在健康保健中的优势。把中医药产业从单纯的资源采集加工向中高端服务业延伸，积极开展中医药健康调理、中医药保健旅游和养生保健等服务。鼓励医疗卫生机构与养老服务融合发展，支持养老机构开展医疗服务，推动医疗卫生服务延伸至社区。鼓励民营、社会资本投资尤其是借助我国港澳地区的市场资本和运营经验，发展医养结合项目，共同打造一个具有大湾区跨城合作特色的医养结合特色示点。

第二，医疗和养老的专业人才对澳门特区和江门市等珠西城市都是既需要又相对紧缺的人力资源。专业人才是大健康产业发展的核心之一。因此，在专业人次培养方面可以将澳门特区完善的培养制度和国际化平台与江门市的巨大人力资源潜力相结合。澳门特区的大健康产业人才培养制度完善，中医药人才的培养实行中西并行并用。江门市除了可以通过在本地的相关教育院校增设和完善医药、养老相关课程和专业来吸引学生就读外，还要特别注重与澳门特区的合作，通过合作引入完善的人才培育体系，采取全职引进与柔性引进政策并举的策略，以更具有竞争力的配套政策吸引包括澳门特区在内的海内外高水平人才和团队加盟，鼓励本地院校与海内外院校、机构开展学术交流，建立合作教育基地，充分利用澳门特区先进的医疗、养老服务理念如“以人为本”“优质管理”等，做好专业技术培训和医疗和养老的继续教育的制度衔接，实现人才保障机制的可持续发展。

第三，促进湾区城市之间的大健康产业跨城合作，需要不断地进行供给

侧结构性改革，为大健康产业的互补发展创造优良环境。首先，要在金融、工商准入和对外投资制定有针对性的扶持措施。允许注册在横琴的企业在澳门特区发行人民币债券，允许其筹集的资金回流内地，用于横琴地区的建设及粤澳跨境大型基建等。① 这无疑给在澳门特区、江门市以及其他大湾区城市在横琴成立的包括经营大健康产业在内的各行各业的企业融资、投资上提供了更多便利。其次，工商准入方面则是可以特别对在澳门特区、江门市注册并涉及跨境医疗、养老服务企业予以审批政策等方面倾斜。同时可以考虑在税收方面给予大健康产业有关的企业退税。澳门特区作为“一国两制”下的独立经济体，可以与有关国家签订相关合作协议，鼓励澳门特区本地或者经由澳门特区的内地的与大健康产业有关的企业“走出去”，打入“一带一路”沿线国家甚至是葡语国家的市场。最后，目前“互联网+大数据”在大湾区城市的合作发展中扮演着越来越重要的角色，因此，可以一方面引导行业企业深入调研跨城市的大健康产业市场的有效需求，不断提供市场需要的服务和产品；另一方面可以推动澳门特区与江门市等其他湾区城市的居民电子健康档案、人口数据、电子病例共享和远程医疗系统等实现信息共享，加强医院和养老设施的信息标准化建设及信息系统互联互通，不断提升智能化健康信息服务水平。

---

① 陈思敏．借力澳门加快横琴金融创新的研究［J］．特区经济，2015（11）：9-13.

粤港澳大湾区养老数据平台发展

陈建新　赵崧妍　蔡其新*

摘　要：随着人口老龄化的不断加剧，国家和港澳地区均面临较为严峻的老龄化问题，精准养老和智慧养老将是未来发展养老产业的重要方向。精准养老和智慧养老均需高信度和高效度的养老数据支撑，同时这些数据还可用来发展养老服务平台，如照顾计划、标杆管理和病例组合等。本文将以中国健康与养老追踪调查（养老数据）和美国 InterRAI 的发展相关经验，并从四方面探讨构建大湾区养老数据平台，包括丰富平台数据、建立有效机制、加大扶持力度和组建专业团队。

关键词：粤港澳大湾区；精准养老；智慧养老；数据平台

一、背景

至 2017 年底，我国 60 岁以上老年人口达 24090 万人，占总人口的 17.3%，其中 65 周岁及以上老年人口达 15831 万人，占总人口的 11.4%。中国各类养老服务机构和设施共计 15.5 万个，各类养老床位合计 744.8 万张，平均每千名老年人仅拥有养老床位 30.9 张①。预计到 2020 年，全国 60 岁以

---

* 陈建新，澳门大学社会科学学院政府与行政学系助理教授、公共行政硕士课程主任；赵崧妍，澳门大学社会科学学院政府与行政学系公共行政硕士研究生；蔡其新，澳门大学社会科学学院政府与行政学系公共行政硕士研究生。

① 中华人民共和国民政部．2017 年社会服务发展统计公报［EB/OL］．http：//www.mac.gov.cn/article/sj/tjgb/2017/201708021607.pdf，2017-08-02.

上老年人口将增加到2.55亿人左右，占总人口比重将提到17.8%左右；高龄老年人将增加到2900万人左右，独居和“空巢”老年人将增加到1.18亿人左右[①]。2019年3月29日，国务院办公厅发布《国务院办公厅关于推进养老服务发展的意见》，明确提出要实施“互联网+养老”行动，促进人工智能、物联网、云计算、大数据等新一代信息技术和智能硬件等产品在养老服务领域的深度应用[②]。利用信息技术发展养老产业，将是推动精准养老和智慧养老的重要举措。

（一）精准养老

针对我国老年人口规模大、增长速度快、城乡不均衡、老龄进程与经济发展不同步等问题，国务院办公厅《关于推进养老服务发展的意见》中特别强调政府对养老投入应提升精准化水平[③]。实现养老服务的精准化识别、精准化供给、精准化管理和精准化支持，是提升养老服务精准化水平的内在要求[④]。因此，借鉴“精准扶贫”的概念，本文将“养老服务精准化”定义为“精准养老”，即通过对大数据等信息技术的运用，根据老年人群体不同的身体条件、健康状态、经济条件、家庭情况等信息，区分老年人的养老需求，进而为老年人群体提供差别化、个性化、专业化的养老服务。在提供服务的同时，评估服务提供水平和服务方案有效性，从而有效利用养老服务资源[⑤]，提高整体养老服务水平，落实“精准养老”政策。

（二）智慧养老

“智慧养老”一词最早由英国生命信托基金会提出，并将其定义为“全智能化老年系统”，能帮助老年人打破时间和空间的约束，过上高质量、高享受

---

① 中华人民共和国中央人民政府．国务院关于印发“十三五”国家老龄事业发展和养老体系建设规划的通知［EB/OL］．http：//www.gov.cn/zhengce/content/2017－03/06/content_5173930.htm，2017-03-06.

②③ 中华人民共和国中央人民政府．国务院办公厅关于推进养老服务发展的意见［EB/OL］．http：//www.gov.cn/zhengce/content/2019-04/16/content_5383270.htm，2019-04-16.

④ 类延村，冉术桃．农村“精准养老”模式的建构：从同一性向差异化的转型［J］．理论学刊，2018（9）：55-65.

⑤ 王子林，朱星岩．精准养老背景下养老照护的发展路径研究——基于内蒙古“新家庭计划”项目的分析［J］．管理观察，2016（4）：98-103.

的居家生活①。我国2007年提出的“数字化养老”概念被视作“智慧养老”概念的雏形，随后接连出现“信息化养老”“科技养老”“网络化养老”等相关概念，直至2013年，“智能养老”概念才逐渐取代其他概念，并广为使用。推行“智能养老”模式，是顺应国家“十三五”老龄事业发展和养老体系建设规划规划的大势所趋。2017年2月6日，《智慧健康养老产业发展行动计划（2017—2020年）》提出，运用互联网、物联网、大数据等信息技术手段，推进智能健康养老应用系统集成，对接各级医疗机构及养老服务资源，建立老年健康动态监测机制，整合信息资源，为老年人提供智慧养老服务②。

（三）粤港澳大湾区养老服务合作

2019年2月，《粤港澳大湾区发展规划纲要》正式公开发布，明确指出粤港澳三地要深化养老服务合作③。随后，2019年7月，广东省推进粤港澳大湾区建设领导小组印发《广东省推进粤港澳大湾区建设三年行动计划（2018—2020年）》，支持大湾区养老机构建设和养老产业发展，全面开放养老服务市场，鼓励港澳投资者在珠三角九市按规定以独资、合资或合作等方式兴办养老等社会服务机构④。粤港澳三地养老服务合作由来已久，早在相关文件出台前，广东省养老服务业协会便已通过举办“粤港澳大湾区养老产业实战论坛”等方式，将理论与实践相结合，探讨深化湾区内养老服务合作，研究建立粤港澳跨境服务系统。

二、粤港澳大湾区养老数据平台的内涵、功能和意义

（一）粤港澳大湾区养老数据平台的内涵

不同学科体系对“平台”一词的定义，各有不同的侧重。计算机专业强调平台的技术性；通信专业重视平台的功能性和信息交互；管理学注重平台

① 李彩宁，毕新华．智慧养老服务体系及平台构建研究［J］．电子政务，2018（6）：105-113.

② 中华人民共和国中央人民政府．工业和信息化部　民政部　国家卫生计生委关于印发《智慧健康养老产业发展行动计划（2017—2020年）》的通知［EB/OL］．http：//www.gov.cn/xinwen/2017-02/20/content_5169385.htm#1，2017-02-20.

③ 中华人民共和国中央人民政府．中共中央国务院印发《粤港澳大湾区发展规划纲要》［EB/OL］．http：//www.gov.cn/zhengce/2019-02/18/content_5366593.htm#7，2019-02-18.

④ 中华人民共和国广东省人民政府．广东印发推进粤港澳大湾区建设三年行动计划（2018—2020年）［EB/OL］．http：//www.gd.goc.cn/gdywdt/gdyw/content/post_2530521.html，2018.

在管理工作中的统筹作用；而经济学则看重“平台”所创造的新的价值①。我国目前已有多地建立了养老服务平台，主要提供“信息查询”和“电子保姆”服务。一方面，老年人可以根据个人需要，通过平台的“信息查询”功能，检索所在地区的养老政策、养老基础设施建设状况、养老服务机构基本情况等相关信息，如北京的“养老通”平台有此类功能；另一方面，老年人可以享受平台提供的类似“电子保姆”般的一站式生活服务，包括预约挂号、紧急求助、家政护理、医疗保健、生活照料等。

显然，这类“养老服务平台”与本文所指的“养老数据平台”并非同一概念。养老服务平台的建设导向是迎合市场需求、提供人性化服务。尽管在提供服务的过程中，为了尽可能地达到“智能”和“精准”，在养老服务平台的运营过程中，也包含着对老年人基本信息和养老机构相关信息的处理。但相较于以数据为核心的养老数据平台，无论是在所容纳数据的广度和深度上，还是在对数据的高效利用上，养老服务平台都略逊一筹。

专注于收集数据、整合数据、分析数据和利用数据的粤港澳大湾区养老数据平台，是一个能够覆盖粤港澳地区老年人口信息的数据平台，是一个能够提供个性化养老服务方案和照护计划的云计算平台，是一个能够查询养老机构信息的检索平台，是一个能够自动匹配适宜养老机构的智能管理平台，是一个能够树立养老行业标杆的评估考核平台，是一个能够为养老政策的制定提供数据支撑的决策统计分析平台，是一个能够深入推进粤港澳大湾区养老服务合作、落实粤港澳大湾区“精准养老”和“智慧养老”政策的大数据平台。

（二）粤港澳大湾区养老数据平台的功能

粤港澳大湾区养老数据平台的功能可以分为基础功能和进阶功能。

1. 基础功能

根据上述对粤港澳大湾区养老数据平台的定义，该平台应具备如下基础功能。

收集管理数据。大量收集湾区内老年人口的相关信息，并为每一个老年

① 郭骅，屈芳．养老数据平台的辨析与构建［J］．贵州社会科学，2017（12）：125-132.

人单独建档，方便管理和查找。另外，录入湾区内养老服务机构的基本信息，包括机构名称、地理位置、周边环境、服务内容、社会评价等一切老年人选择养老机构的参考指标。

提供数据服务。通过对大量老年人的生理数据进行监控和对湾区内养老服务机构基本信息的分析，可以为每位老年人量身定制个性化的养老服务计划和照护方案，并为其择优推荐备选机构。

交换共享数据。借助养老数据平台，湾区内的老年人可以对比各家养老服务机构，选择适合自己的机构，降低供需信息不对称，提高资源分配效率①，而湾区内的各家养老机构不仅可以根据每个老年人的生理数据更好地实现对老年人的照护，还可以将自己与行业内的其他养老机构进行比较，取长补短。

定期更新数据。由于数据本身所具有的“实时性”特征，平台中所包含的各项数据应当实时更新，以保证数据的信度和效度。

2. 进阶功能

随着平台数据的不断完备，粤港澳大湾区养老数据平台还可进一步发挥如下作用：

照顾计划管理。通过对老年人生理数据的监控和分析，不仅可以为老年人制定个性化的照顾计划，还可以横向对比相似症状的老年人的照顾计划，不断调整和完善给予老年人的养老服务。

行业标杆管理。通过对各养老机构本身及其所提供的养老服务进行评估，加之以老年人及其家人对机构的评估，横向对比出湾区内的标杆养老机构，既可帮助政府有关部门开展对养老服务机构的管理工作，有效整合养老资源；也可辅助养老机构自身对标业内标杆，提高服务提供能力，全面提高养老服务水平。

病例组合共享。通过对大量老年人的生理数据和照护计划进行监控和分析，可以对易发生同类疾病老年人的特征进行归纳总结，为医学领域科学预防提供数据，并对类似生理条件的老年人发出预警，提早发现，提早预防，

① 李彩宁，毕新华．智慧养老服务体系及平台构建研究［J］．电子政务，2018（6）：105-113.

避免恶化[①]。

（三）粤港澳大湾区养老数据平台的意义

粤港澳大湾区养老数据平台的发展，对深化粤港澳大湾区养老服务合作、提高精准养老水平和发展智慧养老服务具有重要意义。

深化粤港澳大湾区养老服务合作。老年人群体可借助平台自由选择湾区内各类养老服务；养老机构可借助平台互学互助、取长补短，以提高湾区整体养老服务水平；政府部门可根据平台相关信息，适时适度调整相应的养老服务政策的方向和重点，以更好地满足湾区内老年人口的养老需求[②]。老龄化问题是人口问题的一部分，也是粤港澳三地共同面临的重要问题，平台的发展不仅能够深化三地的养老服务合作，提高三地应对老龄化问题的能力和水平，还能辅助粤港澳大湾区城市群的建设，提高整体服务水平，吸引更多人才定居大湾区，为打造更富竞争力的国际化城市群助力。

提高精准养老水平。精准养老的准则便是为老年人口提供差异化、人性化的养老服务[③]，而通过对平台数据的分析和利用，能够真正达到精准养老的要求，有效解决中国家庭结构原子化现象带来的养老难题，并最终顺利推进我国全面建成小康社会目标的实现[④]。

提高智慧养老服务水平。数据平台的应用将极大提高信息的传递效率和利用率，将养老数据与养老服务直接整合，以老年人口数据引导养老服务发展方向，优化资源分配，减少过度浪费，实现养老服务的“去产能、去库存”，是符合“十三五”规划指导下，推进供给侧结构性改革的应有之举。

三、相关实践对数据平台发展的经验

尽管我国目前尚无专门针对“养老数据”的平台，但结合国内外已有社会科学数据平台的发展，不难发现，建立数据平台，最基础、最核心的工作

---

① 席恒，任行，翟绍果．智慧养老：以资讯化技术创新养老服务［J］．老龄科学研究，2014（7）：12-20.

②④ 赵向红，王宏民，李俏．精准养老的政策供给、地方实践与可为路径［J］．青海社会科学，2018（6）：111-119.

③ 类延村，冉术桃．农村“精准养老”模式的建构：从同一性向差异化的转型［J］．理论学刊，2018（9）：55-65.

便是“数据”自身和平台的运行机制。在已有相关实践中，中国健康与养老追踪调查（CHARLS）的养老数据和国际居民评估工具（InterRAI）的运行机制，对粤港澳大湾区养老数据平台的发展有着重要的借鉴意义。

（一）养老数据——CHARLS

中国健康与养老追踪调查（CHARLS）是由北京大学国家发展研究院主持、北京大学中国社会科学调查中心与北京大学团委共同执行的大型跨学科调查项目，是国家自然科学基金委资助的重大项目，旨在收集一套代表中国45岁及以上中老年人家庭和个人的高质量微观数据，用以分析我国人口老龄化问题，为制定和完善我国相关政策提供科学支撑。CHALRS的问卷设计参考了国际经验，包括美国健康与退休调查（HRS），英国老年追踪调查（ELSA）以及欧洲的健康、老年与退休调查（SHARE）等。CHARLS全国基线调查于2011年开展，每两年追踪一次，但其访问应答率和数据质量在世界同类项目中位居前列，数据在学术界得到了广泛的应用和认可。CHARLS的相关数据，均向学术界免费公开，如能有效利用，将为粤港澳大湾区养老数据平台发展提供高质量的数据支持。

（二）运行机制——InterRAI

国际居民评估工具（International Resident Assessment Instruments，InterRAI）是一种一体化、科学可信、特定设置并且跨部门的评估工具，20世纪末开始在欧美国家被广泛应用于长期照护中，东南亚以及中国台湾、中国香港地区也陆续引入。

InterRAI评估工具最根本的作用是通过评估弱能者的身体状况以制定针对性的照护计划。它不是一个简单的诊断系统，而是通过对个体身体状况进行评估后，根据评估协议对其采取个人、家庭、社区和照护机构多维度的干预以提高其健康状况。也并非一个简单的数据库，而是信息采集基础上的持续照护体系的建立。

InterRAI所采集的健康数据，可以随其个人接受照护的机构转移。虽然不同的照护机构可能使用针对不同群体的评估工具，但是因为InterRAI评估工具之间具有兼容性，所收集个别弱能者健康信息可以在不同机构间流通，因此可以减少重复评估，简化评估人员培训，另外在针对同一个受评估者制定评估计划时，病例组合分类系统也可以比较使用，从而可以更有效地应用于资源分配[①]。

InterRAI 模型的应用原理是，通过病例组合分类系统（Case Mix）、结果评估量表（Outcome Measurement Scales）和质量指针（Quality Indicators）体现了资源优化（Optimization）、筛选过滤（Screening）以及标杆管理（Benchmarking）的工作。过程中涉及政府、公民与企业之间联动的循环过程（见图 1）[②]。

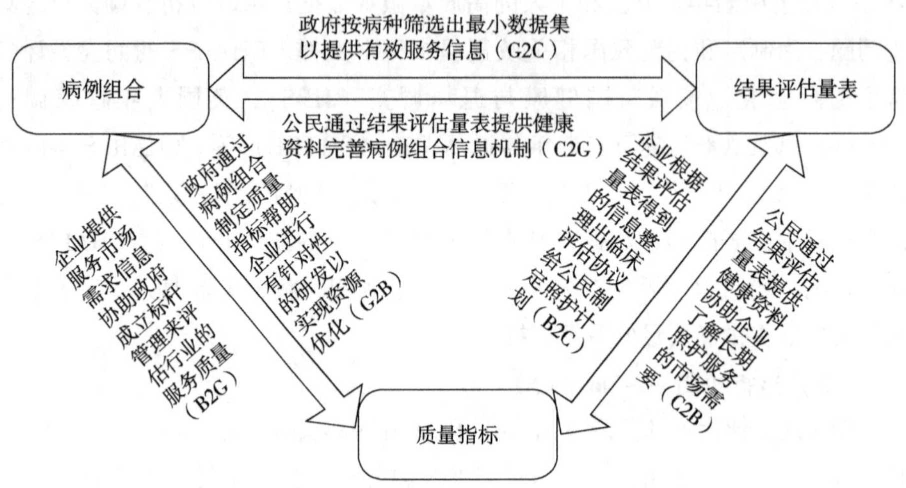

图 1　政府、公民与企业在 InterRAI 评估系统之间的联动模型[③]

资料来源：陈建新、刘昱初、李楠（2017）。

1. 公民对政府（Citizen to Government，C2G）

在病例组合与结果评估量表的过程中，体现了政府与公民（评估对象）之间的互动关系，公民以结果量表评估的方式向政府提供健康信息。

2. 政府对公民（Government to Citizen，G2C）

政府通过病例组合的方法将不同类型病人采用科学的方法进行分类，得

① 白玫，朱庆华．智慧养老现状分析及对策研究［J］．现代管理科学，2016（9）：63-65.

②③ 陈建新，刘昱初，李楠．澳门社会保障体系发展与改革方向［A］// 李羚主编．四川社会发展报告（2017）［M］．北京：社会科学文献出版社，2017.

出评估对象某种病例的最小数据集（Minimum Data Set，MDS），为客观评价医疗产出提供科学依据。

3. 企业对公民（Business to Citizen，B2C）

企业根据信息去整理出临床评估协议（Clinical Assessment Protocols，CAPs）作为护理的依据（Evidence Based Care），为评估对象制定合适的照护计划（Care Plan）。

4. 公民对企业（Citizen to Business，C2B）

公民接受结果评估量表的测试给予企业相关的临床信息。

5. 企业对政府（Business to Government，B2G）

在质量指针与病例组合的过程中，企业提供行业信息给政府，让政府成立一个标杆的管理，来评估行业的服务质量。

6. 政府对企业（Government to Business，G2B）

政府通过病例组合的信息制定质量指针，利用标杆管理帮助企业根据需要进行有针对性的研发以实现资源优化。在信息科技应用普及化和“互联网+”趋势下，政府、机构和服务用户之间的信息协调更为流畅。

四、发展粤港澳大湾区养老数据平台的政策建议

根据已有经验，建议以 InterRAI 运行机制搭建粤港澳大湾区养老数据平台框架，以 CHARLS 数据丰富平台内容，并配合以相应技术、人才和政策支持，促进平台发展。

丰富平台数据。鉴于我国已有对老年人的研究数据（如 CHARLS），可将其中与粤港澳相关的部分数据首先导入平台。但由于 CHARLS 仅限中国内地，我国港澳地区的养老数据仍需进一步充实。如我国港澳地区已有相关研究数据，则可申请将之公开应用，如缺少相关数据，则建议以与 CHARLS 相同的方式收集，方便平台数据的统一整理。另外，考虑到数据的时效性，平台收集数据时，也应当采取选定对象跟踪调查的方式，以确保实时观察老年人口的身体情况，为后续养老服务提供精确的数据支持。

建立有效机制。运用 InterRAI 机制，联通老年人口、养老服务机构和养老政策制定者的互动。一个完整的平台运行机制，应当由以下几个环节构成：

①使用该平台的公民填写个人健康状况评估量表；②平台运营方通过量表，整理出临床评估协议，为公民制定个性化照顾计划；③公民根据计划，通过平台自主选择服务提供方；④完成服务后，公民填写结果评估量表，对服务进行评估；⑤平台运营方根据结果评估量表对服务提供方进行标杆管理和服务评审，并对资源进行分配完成病例组合；⑥平台运营方将评估结果和病例组合结果分享给政府和服务提供方；⑦政府一方面根据评估结果制定相应的行业服务质量评估标准，以提高服务质量；⑧根据病例组合结果筛选最小数据集，以为后续政策制定提供数据支持。服务提供方则通过评估结果有针对性地提高服务水平。

加大扶持力度。由于数据平台涵盖信息较多，发展养老数据平台不是单一某一部门或组织可以独立完成的工作，因此政府部门应当积极促进相关各方之间的合作，大力扶持平台发展，提高平台的运维效率，减少因各部门间沟通不畅而影响平台的构建完成。

组建专业团队。发展养老数据平台需要多种知识背景的相关人才，因此应当组建一支专业的队伍，推动平台的发展[①]。团队中应当包含技术人员、行政人员、医疗和养老服务专业人员、养老领域专家学者，形成专业团队，从而多方面推进平台的完善和发展。

---

① 白玫，朱庆华．智慧养老现状分析及对策研究［J］．现代管理科学，2016（9）：63-65.

粤港澳大湾区下社会保障对接的挑战与应对

陈慧丹　韩　悦　蒋雯静*

摘　要：社会保障是民生安全网，与人民幸福安康息息相关，关系国家长治久安。《粤港澳大湾区发展规划纲要》明确提出跨境公共服务和社会保障的衔接，探索澳门特区社会保险在大湾区内跨境使用。粤澳两地地缘相近、亲缘相通，但由于经济政治文化制度差异，各自的社会保障体系特征仍然明显，为两地社会保障对接工作带来法律、税务、汇率等方面的难点。如何妥善解决两地跨境人员的社会保障给付项目跨境转移和异地参保就医等问题，以及如何完善规范化、法制化的辅助机制成为粤澳政府必须跨越的一道发展鸿沟。

关键词：粤港澳大湾区；社会保障对接；挑战

一、研究背景

2019年，《粤港澳大湾区发展规划纲要》提出跨境公共服务和社会保障的衔接，探索澳门特区社会保险在大湾区内跨境使用①，充分体现国家对粤澳合作的重视。其实，粤澳两地早在2001年，为充分商讨粤澳合作事宜，

---

* 陈慧丹，中国人民大学法学博士；韩悦，澳门社会保障学会研究员和理事；蒋雯静，澳门大学社会科学学院政府与行政学系公共行政硕士研究生。

① 中华人民共和国中央人民政府．中共中央国务院印发《粤港澳大湾区发展规划纲要》[EB/OL]. http://www.gov.cn/zhengce/2019-02/18/content_5366593.htm#1.

两地就建立了“粤澳高层会晤制度”，2003 年又建立了“粤澳合作联席会议制度”。

2008 年，《珠江三角洲地区改革发展规划纲要（2008—2020 年）》从国家层面提出粤澳合作概念①。2011 年，《中华人民共和国社会保险法》② 和《粤澳合作框架协议》也强调养老、医疗等社会保障政策跨境衔接问题③。2015 年《推动共建丝绸之路经济带和 21 世纪海上丝绸之路的愿景与行动》明确提出打造粤港澳大湾区④，粤澳签署的《开展养老金受益人在生证明协查合作备忘录》也聚焦异地领取养老金的资格认证问题⑤。2016 年的《国务院关于深化泛珠三角区域合作的指导意见》和《第十三个五年规划纲要》都强调深化中国内地与我国港澳地区合作⑥，提高社会保障统筹层次水平⑦。2017 年四地签署《深化粤港澳合作推进大湾区建设框架协议》，又提出支持中山粤澳全面合作示范区等合作平台建设⑧。

把目光再次投向《粤港澳大湾区发展规划纲要》会发现，除了聚焦深化粤港澳经济合作外，也关注到粤港澳人员流动的区域性制度安排，这刚好契合本文要研究的问题。社会保障对接是粤港澳大湾区下制度安排不可或缺环节，既提高两地人员自由流动积极性，也促进两地人员有获得同等社会保障的权利。

---

① 中华人民共和国国家发展与改革委员会．珠江三角洲地区改革发展规划纲要（2008—2020 年）［EB/OL］. http：//www. ndrc. gov. cn/fzgggz/dqjj/qygh/200901/P020150723524881631785. pdf.

② 中华人民共和国中央人民政府．中华人民共和国社会保险法（主席令第三十五号）［EB/OL］. http：//www. gov. cn/zxft/ft209/content_1748773. htm.

③ 广东省人民政府港澳事务办公室．粤澳合作框架协议［EB/OL］. https：//www. gov. mo/zh-hant/wp-content/uploads/sites/4/2017/10/cn20110306-1. pdf.

④ 中华人民共和国商务部．推动共建丝绸之路经济带和 21 世纪海上丝绸之路的愿景与行动［EB/OL］. http：//www. mofcom. gov. cn/article/i/dxfw/jlyd/201601/20160101243342. shtml.

⑤ 广东省人力资源和社会保障厅．省十三届人大一次会议第 1109 号代表建议会办意见［EB/OL］. http：//www. gdhrss. gov. cn/jybl/12287. jhtml.

⑥ 中华人民共和国中央人民政府．国务院关于深化泛珠三角区域合作的指导意见［EB/OL］. http：//www. gov. cn/zhengce/content/2016-03/15/content_5053647. htm.

⑦ 中华人民共和国国家发展与改革委员会．中华人民共和国国民经济和社会发展第十三个五年规划纲要［EB/OL］. http：//www. ndrc. gov. cn/gzdt/201603/P020160318576353824805. pdf.

⑧ 澳门特别行政区行政长官办公室．深化粤港澳合作推进大湾区建设框架协议［EB/OL］. https：//www. gce. gov. mo/bayarea/files/BayAreaAgreement_cn. pdf.

二、粤澳两地社会保障体系的特征

一国人民接受什么价值观或不接受什么价值观，常常会直接影响到该国经济发展的道路及所取得的成就①，所以两地社会保障理念的分析显得十分必要。澳门特别行政区第五任行政长官候任人贺一诚先生在其参选政纲要中也强调公共行政改革的深化②，两地社会保障体系及其管理制度的探究显然也属其中一个环节。这部分主要关注两地社会保障的理念与体制的比较分析。

（一）广东省

1. 社会保障理念

城乡统筹强化规模效应。发挥社会保障二次分配功能，推进社会保障城乡一体化发展；发展多层次社会保障制度体系，推进制度衔接融合，完善筹资模式和管理服务体系，提高社会保障制度的运行效率。

精准养老扶助弱势。普惠共享与重点保障相结合。确保人人享有社会保障，全面提升民众的幸福感和获得感；在财政投入和政策制定上重点向农村、社区、困难地区、困难群体倾斜，资助扶持弱势群体公平享有社会保障。

公私合作提升配置效率。政府主导与市场参与相结合，政府发挥主导作用，主动承担保基本、兜底线的责任，不断增强政府对公共产品和公共服务的供给能力；鼓励引导各类市场主体和社会组织共同参与，促进社会保障要素有序流动、资源高效配置。

2. 社会保障管理体制

广东省管理社会保障事务的主要机构为人力资源和社会保障厅、民政厅、省卫生健康委员会、医疗保障局、财政厅及住房和城乡建设厅。人力资源和社会保障厅负责养老保险、工伤保险、失业保险和社会福利等③；民政厅负责城乡居民最低生活保障、医疗救助慈善事业发展；省卫生健康委员会承担疾

① 塞缪尔·亨廷顿，劳伦斯·哈里森．文化的重要作用——价值观如何影响人类进步［M］．程克雄译．北京：新华出版社，2010：42，89.

② 贺一诚竞选办公室．贺一诚参选政纲［EB/OL］．https：//www.hoiatseng.org.mo/政纲内容/.

③ 广东省人力资源和社会保障厅．广东省人力资源和社会保障厅简介［EB/OL］．http：//www.gdhrss.gov.cn/jgzn/20091026/10248.html.

病防治、医疗照护等老年健康工作①；省医疗保障局负责医疗保险、生育保险②；财政厅负责承担社会保险基金财政监管工作③；住房和城乡建设厅负责省级财政廉租住房及住房公积金监督管理④。

广东省的社会保障制度目前基本上形成了一个以城镇社会保险制度为主体的框架体系。主要包括社会保险、社会救济、社会福利、社会优抚安置、国有企业下岗职工基本生活保障和再就业等内容；社会保险为中国社会保障制度的核心。养老保险由基本养老保险、企业补充养老保险及个人储蓄性养老保险三个部分组成⑤。

广东省社会保障的资金主要来源于国家财政拨款、工作单位供款、个人缴费。社会保障基金的模式属于现收现付型和完全积累型的混合，由国家、工作单位、个人共同负担。社会保险经办机构为每一个参保者建立一个个人账户，个人缴纳薪金的8%计入个人账户，工作单位缴费比例为16%，用于建立统筹基金⑥。

（二）澳门特别行政区

1. 社会保障理念

小规模依赖境外服务。社会保障基金的投资主要依赖香港特区金融市场所提供的相关服务⑦，且不少澳门特区居民都有意向往大湾区流动⑧，再加上

---

① 广东省卫生健康委员会．省卫生健康委机构职能［EB/OL］. http：//wsjkw. gd. gov. cn/zwgk_ jgzn_ sjwjgzn/index. html.

② 广东省医疗保障局．广东省医疗保障局机构职能［EB/OL］. http：//hsa. gd. gov. cn/gkmlpt/content/0/607/post_607919. html.

③ 广东省财政厅．广东省财政厅主要职能［EB/OL］. http：//czt. gd. gov. cn/gkmlpt/content/0/182/post_182246. html.

④ 省住房和城乡建设厅．机构简介［EB/OL］. http：//zfcxjst. gd. gov. cn/xxgk/zzjg/index. html.

⑤ 中国人大网．中华人民共和国社会保险法［EB//OL］. http：//www. npc. gov. cn/npc/c30834/201901/4a6c13e9f73541ffb2c1b5ee615174f5. shtml.

⑥ 广东省人力资源和社会保障厅．广东省城镇职工基本养老保险单位缴费比例过渡方案［EB/OL］. http：//www. gdhrss. gov. cn/gfxwj/20190430/15527. html.

⑦ 香港政府新闻网．金融合作助粤港澳大湾区发展［EB/OL］. http：//sc. news. gov. hk/TuniS/www. news. gov. hk/tc/record/html/2017/04/20170402_115530. lin. shtml.

⑧ 澳门日报．劳局组织青年参观大湾区企业［EB/OL］. https：//www. cyberctm. com/zh_ TW/news/detail/2356586#. XYdEgUYzbic.

缺乏高质素公共资源[①]，澳门特区的社会保障实质上是小规模依赖境外服务的，例如澳门特区与香港特区进行医疗转介服务合作协议[②]。

普惠全民保障适度。随着澳门特区经济发展和公民意识的增强，社会保障已从简单救助向以服务发展为主的普惠式社会保障模式转变[③]，社会保障覆盖面涵盖至全澳门特区居民[④]。澳门特区政府还通过注资和增加博彩拨款来稳定澳门特区社会保障基金的财政[⑤]，且澳门特区税率远远低于已发展地区，这或许可以看作"藏富于民"的具体措施。

官办民营共治共享。民间机构在澳门特区社会服务网络中有重要作用[⑥]。例如澳门特别行政区政府社会工作局通过与民间机构共同合作为长者提供社区支持及院舍照顾等服务[⑦]，再如澳门特区的医疗体系以公私营医院合作提供医疗服务[⑧]。且澳门特区社团文化浓厚，公民社会历史悠久[⑨]，许多社团都发挥了社区服务、社会动员、自我管理等多重功能[⑩]。

2. 社会保障管理体制

澳门管理社会保障事务的主要机构为社保基金、社会工作局、卫生局、房屋局。社会保障基金负责落实双层式社会保障制度[⑪]；社会工作局负责社会

---

① 柳智毅．澳门经济与各产业发展现状分析［M］．澳门：澳门经济学会，2018.

② 澳门特区政府新闻局．卫生局与香港特别行政区医院管理局签署2018—2023年合作协议［EB/OL］．［2018-08-01］．澳门特区政府新闻局，https：//www. gcs. gov. mo/showNews. php? DataUcn = 128109&PageLang=C.

③ 娄胜华. 从救济到公益：澳门慈善发展观察［J］. 行政，2012（97）：625-643.

④ 澳门特别行政区政府社会保障基金会．2018年度报告［EB/OL］. https：//www. fss. gov. mo/uploads/wizdownload/201908/5044_ eoijx. pdf.

⑤ 社会保障基金. 社会保障基金2017年年度报告［EB/OL］. https：//www. fss. gov. mo/uploads/wizdownload/201807/4534_7ifvc. pdf.

⑥ 澳门人文社会科学研究文选（行政卷）。

⑦ 澳门特别行政区政府社工局．长者服务［EB/OL］. http：//www. ias. gov. mo/ch/swb-services/elderly-service/multi-service-centre-for-the-elderly.

⑧ 易龙飞．英国、新加坡和中国香港全民医保的运行及启示［J］. 中国卫生政策研究，2014，7（5）：49-55.

⑨ 杰弗里·C. 冈恩．澳门史［M］. 秦传安译. 北京：中央编译出版社，2009：55-69．

⑩ 娄胜华，潘冠瑾，赵琳琳．自治与他治：澳门的行政、司法与社团（1553—1999）［M］. 北京：社会科学文献出版社，2013 ：351-375.

⑪ 澳门特别行政区政府社会保障基金．服务承诺［EB/OL］. https：//www. fss. gov. mo/zh-hans/aboutus/mission.

救助、家庭及社区、儿童及青少年、长者及康复等服务①；卫生局负责保障市民健康，预防疾病、提供医疗护理②；房屋局负责公共房屋、弱势家团居住问题③。

2018 年澳门特区基本建成双层式社会保障体，即通过第一层社会保障制度让所有澳门特区居民都能够获得基本的社会保障④，而退休后较宽裕生活保障则由第二层非强制性中央公积金制度支持。社会保障制度以社会保险原则运作，为居民提供基本的社会保障，尤其是养老保障；供款制度分为强制性制度及任意性制度，具雇佣关系的本地雇员及雇主须向社会保障基金缴纳强制性制度供款，而符合法律规定的其他澳门特区居民可进行任意性制度供款⑤。非强制性中央公积金制度分为供款制度和分配制度，供款制度包括雇主和雇员组成的公积金共同计划（按雇员工资 5%供款）和个人计划（500~3300）；分配制度包括预算盈余特别分配、鼓励性基本款项和不当发放款项。政府管理子账户用作记录政府所发放的款项，供款子账户用作记录公积金计划的供款，保留子账户用作记录因取消供款子账户而转入的结余⑥。社会保障制度财政收入主要来自该制度受益人的定额供款、政府总预算经常性收入的 1%拨款及博彩拨款，但接近 90%来自政府拨款，供款收入和投资收入仅占绝少部分⑦。非强制性中央公积金收入来自资本化金融体系尤其是作定期供款的退休基金。

（三）两地制度比较

经过前文对粤澳两地社会保障体系特征逐一分析可发现，粤澳两地遵

---

① 澳门特别行政区政府社会工作局．本局服务［EB/OL］. http：//www. ias. gov. mo/ch/swb-services.

② 澳门特别行政区政府卫生局．服务性质［EB/OL］. https：//www. ssm. gov. mo/portal/.

③ 澳门特别行政区政府房屋局．服务承诺［EB/OL］. http：//www. ihm. gov. mo/zh/node-12.

④ 邓玉华．澳门社会保障改革综论［A］//邓玉华，陈建新. 社会保障改革——澳门社会保障学会十周年纪念特刊［J］. 澳门社会保障学会，2009：95-101.

⑤ 澳门特别行政区政府印务局．第 4/2010 号法律：社会保障制度［EB/OL］. https：//bo. io. gov. mo/bo/i/2010/34/lei04_ cn. asp.

⑥ 澳门特别行政区政府印务局．第 7/2017 号法律 非强制性中央公积金制度［EB/OL］. https：//bo. io. gov. mo/bo/i/2017/25/lei07_ cn. asp.

⑦ 陈建新，陈慧丹，伍芷蕾．澳门社会保障基金：现状与发展［A］//澳门蓝皮书之澳门经济社会发展报告 2013-2014［R］. 2014.

循党的十九大会议精神“按照兜底线、织密网、建机制的要求，全面建成覆盖全民、城乡统筹、权责清晰、保障适度、可持续的多层次社会保障体系”①。

理念层面，澳门特区仅有60万人口难以实现规模的社会服务市场，但粤澳两地都在以人为本原则下坚持社会保障范围全覆盖，并趋向于采用新公共管理模式在公共部门中引入市场竞争机制②。

管理体制层面，在机构组成上，粤澳都有类似的对口部门，例如人力资源和社会保障局大致对应澳门特区的社保基金、民政厅对应社会工作局、卫生健康委员会和医疗保障局对应卫生局，虽分工存在些许差异，但职能发挥都紧扣社会保障原则。在框架体系上，粤澳两地都积极推进多层次养老保障体系建设，全面实施全民参保计划，且都以养老保险为保障基础，不同之处则在于广东省侧重城镇，澳门特区则着眼于社会保障的强制和非强制性。在资金来源上，财政拨款都占绝对地位，公共性特征显著，但澳门特区社保基金一直采用“低供款、低保障”做法③，广东省养老保险实施的统一费率，比较之下企业负担较重，两地社会保障体制比较如表1所示。

表1 两地社会保障体制比较

地区	广东省	澳门特区
理念	城乡统筹强化规模效应 精准养老扶助弱势 公私合作提升配置效率	小规模依赖境外服务 普惠性制度 官办民营

① 习近平．决胜全面建成小康社会 夺取新时代中国特色社会主义伟大胜利——在中国共产党第十九次全国代表大会上的报告［EB/OL］．http://www.gov.cn/zhuanti/2017-10/27/content_5234876.htm.

② 陈建新，陈慧丹，伍芷蕾．从新公共管理的效率和效益看医疗改革——以香港和澳门医疗券发展为例［J］．公共管理与政策评论，2014，3（2）：67-76.

③ 陈建新，陈慧丹，伍芷蕾．澳门社会保障基金：现状与发展［A］//澳门蓝皮书之澳门经济社会发展报告2013-2014［R］．2014.

续表

地区		广东省	澳门特区
管理体制	主要机构	人力资源和社会保障厅 民政厅 省卫生健康委员会 医疗保障局 财政厅 住房和城乡建设厅	社会保障基金 社会工作局 卫生局 房屋局
	框架体系	以城镇社会保险制度为主体	双层式社会保障为核心
	资金来源	财政拨款、单位供款、个人缴费	政府拨款、供款收入和投资收入

资料来源：笔者根据相关资料整理而成。

三、粤澳两地社会保障对接

（一）难点和挑战

随着粤澳经济进一步合作，两地对人才的需求殷切，人才的流动日趋活跃。目前较受关注的问题是，人们在原来工作地建立的社会保险特别是养老保险关系能否在新的工作地或退休地予以承认和延续，这就需要两地之间的养老保险允许衔接的空间，提供可以让两地政府执行并实现人们权益的基本制度框架。规划纲要提出要加强粤澳两地社会保障合作，但现实中仍存在不少的难点：

第一，粤澳两地社会保障制度由于本身各自的理念、历史发展条件和政治法律制度不同，制度间的衔接性是需要处理的问题。这可能导致在原居地和工作地的双重供款抑或是双重缺失。例如，外地劳工在澳门特区的社会保障安排问题。

第二，两地税务制度不同也对社会保险制度的衔接造成困难。以养老金为例，各地对是否对养老金课税、课税多少及税务优惠等有不同制定。不同的征税理解和税收制度将有可能损害保障权益和侵蚀未来的养老金金额。在一些地方，养老金被视为一种入息，不论是向养老保险供款或投资收益，还是向已发放的养老金征收税项，征税变相对养老金打折扣，使税后的待遇出现差异。也有可能由于各地税制不同，人员从一地流动到另一地，将导致养老金纳税后的待遇，以及跨境流动时可能出现重复征税，或者根本不需征税的情况。这就牵涉地区间在税制上的妥善协调，防止税收制度演变成政治问题①。

第三，社会保险的行政费用过高是社会保障衔接的障碍，正如强积金一样，各种各样的行政费、管理费会大大影响受惠人的实际收益。所以未来的社保整合应该尽量减少账户转移所需要的各种行政费用。

第四，再以养老金为例，它可以任何货币支付，但其中汇率问题是一个阻碍因素，也是各地区间养老保险制度衔接的重要考虑因素。人民币汇率的浮动，将影响在澳门特区工作后选择返回内地养老的退休人士遭遇退休金价值浮动问题，参与人所需承受的汇率风险。

（二）进展

粤澳社会保障对接主要工作是为澳门特区社会保障基金给付项目跨境转移和澳门特区居民在内地参与社会保险等方面提供便利政策措施。

1. 澳门特区政府对赴外地工作的澳门特区居民的保障

目前，澳门特区对于跨境雇员的社会保障做出了相应的法律保障，《澳门社会保障制度》规定受聘为在澳门特区登记的企业于外地分支或代理机构工作的澳门特区居民享有强制性制度提供的社会保障，享受同等给付待遇；对于加入任意性制度的澳门特区居民，则需提供证据证明其因负担在澳门特区的配偶及直系亲属主要生活费而在外地工作才能参与。《非强制性中央公积金制度》中豁免了上述情形的澳门特区居民留澳门特区达 183 天才能取得特区政府拨款的规定。

2. 内地政府对来内地的澳门特区居民的保障

对于在内地就业、居住和就读的澳门特区居民中的中国公民，内地已经考虑相关制度构思。2018 年人力资源社会保障部在《香港澳门台湾居民在内地（大陆）参加社会保险暂行办法（征求意见稿）》对现存澳门特区居民参

---

① Hennessy A. The Role of Agenda Control in the Creation of a Single Market for Pension Funds [EB/OL]. www. unc. edu/euce/eusa2007/papers/hennessy-a-03g. pdf, 20/07/2010.

加内地社会保险的问题，如参保范围、险种及待遇、经办程序、财政补助标准、双重参保处理等具体情形尝试做出较为明确的规则设计。征求意见稿规定在内地合法就业的澳门特区居民可依法参加社会“五险”；办理了居住证的澳门特区居民可在注册地或居住地参加基本养老保险和基本医疗保险；已达到退休年龄的、就读高校的澳门特区居民可以参加居住地或就读地的基本医疗保险；达到领取待遇条件但累计缴费年限均不满 10 年的，由其最后一个缴费年限最长的参保地负责归集处理养老保险相关问题。

但需要考虑的问题是，征求意见稿没有明确提出城镇职工养老保险与城乡居民养老保险的转移衔接问题，例如澳门特区居民在内地先参加了城乡基本养老保险，后参加了职工基本养老保险，两种制度如何转移衔接，其个人账户和缴费年限及给付待遇如何订定。在基本医疗保险方面，澳门特区居民异地享受医疗服务提供及其转移支付问题一直难以解决。广东省和澳门特区政府提出了常住横琴的澳门特区居民参加珠海市基本医疗保险试点方案①，但如果将来越来越多符合资格的澳门特区居民参加珠海市基本医疗保险，长远而言，珠海市是否愿意及能否可持续地负担该笔财政支出也是一个未知数。

3. 澳门特区政府对在澳门特区外雇人员的保障

截至 2017 年 12 月底，澳门特区的外雇人数为 179456 人，其中 81.7%为非专业雇员，3.3%为专业雇员，内地雇员占外地雇员总人数的 63.1%②。基于最近内地相关城市对澳门特区居民的社会保障优惠措施的“同侪压力”，特区政府应该考虑相关安排。

外地雇员无法加入澳门特区公共社会保障制度，参加第一层社会保障制度和第二层中央公积金制度的法定资格是澳门特区居民。因此，外地雇员只有通过合法途径成为澳门特区居民才能参加澳门特区社会保障制度。

外地雇员的退休保障解决方法：一是澳门特区雇主为他们购买私人退休计划，供款金额及提取退休金权益的安排由雇主决定，离职时按时取回个人

① 《珠海市人民政府关于常住横琴的澳门居民参加珠海市基本医疗保险试点有关问题的通知》（珠府函〔2019〕226 号）。

② 澳门劳工事务局．澳门劳动市场 2017［EB/OL］. https：//www.dsal.gov.mo/download/pdf/publicity_information/labor_market/2017.pdf.

账户内的累积权益。二是内地雇员可以以个人名义参加内地养老保险和医疗保险，并由自己缴纳全部费用。澳门特区政府是否能够做好与内地社会保障政策互联互通，协助在澳门特区合法工作的内地雇员能够取得等同内地城镇职工的合法权益，仍然是个需要考虑的问题。澳门特区中央公积金制度已经推行，并且会在3年后检讨，是否有一个契机能够让外地雇员参加此制度，假如外地雇员能够参加此制度，也要考虑如何最大限度地降低外地雇员离开澳门特区时所取得的养老金的价值可能受汇率问题和不同税收制度所承受的损失。

四、规范化、法制化辅助机制

（一）运行机制

要做到两个地区社会保障（目前较大进展的是养老保险和医疗保险，医疗服务合作也在积极推进中）的衔接，绝不能单靠某个地区去推动，必须通过政府以协调的手段处理养老保险制度的问题。但若在政府之上建立一个更具有层次的、统一的决策和行政管理机构，则存在一定的困难，一方面各地区内本身由不同的政府部门分管社会保障项目的执行，涉及各地各部门的利益。在医疗服务方面，是否可以考虑将粤港澳大湾区的部分医疗行为纳入“跨境治疗权”中，例如其他国家跨省异地就医管理服务协作主要通过异地就医结算平台间互联、异地就医定点医疗机构点对点延伸、委托代理、就医地建立参保地经办机构分支机构等方式，来实现不同地区医保经办机构之间的协作①。但异于其他国家的“跨境治疗权”，这种权利在粤港澳大湾区合作框架下更贴近跨境患者权利②。

（二）治理机制

各地区经济和社会发展水平仍有一定差距，不可能由统一的机构厘定保障对象、供款水平、待遇水平等，牵涉太高的政治、行政成本以及技术困难。例如欧盟，其没有意图建立统一的社会保障制度，而是在各个成员国的养老保险制度的基础上，具体即采取“工作地缴费，分段记录；退休地发放，全

① 赵斌．完善医疗保险异地就医管理服务机制研究［J］．社会保障，2016（4）：55-62.

② 聂建刚．欧盟《患者跨境医疗权利指令》实施及其借鉴［J］．全球科技经济瞭望，2014，29（10）：8-12.

盟结算”。在异地就医管理方面，欧盟国家的合作是可取的经验，特别是在国家政策衔接方面，可以实践于粤港澳大湾区的社会保障政策体系衔接。首先，可以在中央之下设定类似欧盟委员会的“粤港澳大湾区医疗保障联合委员会”，将其作为治理机制的核心部门，负责粤港澳大湾区内地方政府医疗保障政策开展；其次，委员会提出相关政策，交与中央政府审核，湾区各城市在总的政策下依据自身实际制定适应本地区的行动方案，并定期向委员会报告，委员会也应定期对各地政策发展进行监督评估；最后，给予政府弹性操作，协调各地方制定完善的医疗保障政策。

（三）信息化建设

《澳门特别行政区五年发展规划》中强调，将积极配合国家“十三五”规划，实施大数据战略①。澳门特区政府《二〇一六年财政年度施政报告》中也提及研究澳门特区大数据时代的发展规划②。信息化建设强调信息的互通、共享，具体做法可参考欧盟中的信息流通机制。在医疗合作方面，可以依托信息技术优势，建立囊括整个大湾区居民医疗信息的电子病历，实现居民医疗信息共建共享。其实，近年澳门特区政府积极推动智能医疗，如电子医疗券和电子健康记录互通系统③。尽管医疗服务的跨境结算体系可能还需要些许时日进行研究，但智慧支付在澳门特区不断发展④，广东省又是城市治理大数据和国内智能城市建设的新标杆⑤，相信粤港澳大湾区合作下的信息化建设在未来可以有无限发展。

---

① 澳门特别行政区政府．澳门特别行政区五年发展规划（2016—2020 年）［EB/OL］．https：//www. cccmtl. gov. mo/files/plano_ quinquenal_ cn. pdf.

② 澳门特别行政区政府印务局．二〇一六年财政年度施政报告［EB/OL］．https：//images. io. gov. mo/cn/lag/lag2016_ cn. pdf.

③ 澳门特区政府卫生局．“电子健康记录互通系统”先导计划自助登记服务明日开通［EB/OL］．澳门特区政府新闻局，https：//news. gov. mo/detail/zh－hans/N18DOgQOC1；jsessionid＝CF658EB38FC1664CABCA7E5A7A320C77. app02？0&category＝%E5%8C%BB%E7%96%97%E5%8D%AB%E7%94%9F.

④ 澳门特区政府经济局．微信支付境外开放大会暨合作伙伴成长计划境外课堂（澳门站）今举行［EB/OL］．［2018－04－24］．澳门特区政府新闻局，https：//news. gov. mo/detail/zh－hant/N18DXSxGuU？1.

⑤ 吴志良，郝雨凡．澳门经济社会发展报告（2018 版）［M］．澳门：澳门基金会社会文献出版社，2018：196.

SWOT 战略分析下老年人就业参与创新产业研究

柯丽香　张　锐*

摘　要： 伴随着全球人口老龄化加剧、预期寿命提高及健康水平提高，老年人就业逐渐成为可行之路。老年人作为独特的人力资本，具有参与就业的价值，中央及澳门特区政府出台多项举措鼓励老年人就业，但仍面临不少困难，本研究通过对澳门特区近年施政报告内容及与老年人就业相关内容的回顾，了解老年人就业的优势、劣势、机遇、威胁，并在此基础上形成战略组合，SO 战略——以“老年人同理心”促进养老养生产业、WO 战略——善用老年人人力资源协同发展知识型经济、ST 战略——通过老年人服务市场化推动大湾区跨境养老事业发展及 WT 战略——优化老年人健康数据库强化智能养老产业发展。

关键词： 老年人就业；人力资本；人力资源；养老产业；SWOT 战略

一、前言

《澳门特别行政区政府五年发展规划计划（2016—2020 年）》提出，将澳门特区打造成宜居、宜业、宜行、宜游、宜乐的城市，① 本研究基于宜业的

* 柯丽香，中国人民大学经济学博士；张锐，澳门大学社会科学学院政府与行政学系公共行政硕士研究生。

① 澳门特别行政区政府．澳门特别行政区五年发展规划（2016—2020 年）[EB/OL]. https://www.cccmtl.gov.mo/files/projecto_plan_cn.pdf.

层面希望通过将老年人就业与创新产业结合配合中央与澳门特区政府发展。澳门特区现时人口老龄化问题日趋严重，失业率偏低，不少老年人在达到法定退休年龄时仍具备较强的工作能力，此外澳门特区失业率相对较低，① 当中也包含劳动力短缺、综合劳动力不足以及人力资源短缺的问题，倡导老年人就业就成为可以考虑措施，且符合澳门特区政府倡导的“老有所为”的观念。② 澳政府近年也倡导多元化产业发展，③ 创新产业成为热点，若可以将具备成熟经验的老年人与创新产业结合，将为澳门特区经济发展提供新的商机和机遇，当中包括现时澳门特区政府大力推广的银发产业④及养老养生产业。国家（含中国香港、中国澳门）面对严重的人口老龄化问题，习近平总书记重新定义了“中国制造”，⑤ 促进产业结构转型成为必由之路。

本书通过文献回顾了比较人力资本及人力资源概念，了解老年人是重要的人力资本，并通过澳门特区2014~2018年施政报告有关“长者就业”的数量及其他政府部门的相关工作，探讨老年人作为重要资本参与澳门特区创新产业发展中的优势、劣势、机遇、挑战，提出相应策略意见。

二、文献回顾

这部分通过区分人力资源、人力资本概念，结合老年人实际情况，明确部分老年人的人力资本地位，并通过回顾2014~2018年澳门特区财政年度施政报告中关于“老年人就业”相关内容的字数统计来反映特区政府在这方面的行为，后通过澳门特别行政区政府社会工作局的工作报告、长者事务委员会关于老年人再就业的措施，了解特区政府对老年人再就业的安排。

---

① 澳门特别行政区政府统计暨普查局．总体失业率［EB/OL］．https：//www. dsec. gov. mo/TimeSeriesDatabase. aspx？KeyIndicatorID=24.

② 澳门特别行政区政府社会工作局．澳门养老状况及政策研究报告［EB/OL］．澳门特区长者服务咨询网，http：//www. ageing. ias. gov. mo/uploads/file/a8387e568125adacb3c4d280d5354985. pdf.

③ 澳门特别行政区政府．澳门特别行政区五年发展规划（2016—2020年）［EB/OL］．https：//www. cccmtl. gov. mo/files/projecto_ plan_ cn. pdf.

④ 陈慧丹．人口老龄化与养老保障：挑战与机遇［J］．一国两制研究，2015（26）：114-120.

⑤ 习近平．中国产品向中国品牌转变［EB/OL］．［2014-12-26］．人民论坛网，http：//www. baidu. com/link？url=j9-N0vtvDzy_ d7BeH5qlbinaq4-KLnVYvioIrnfyLG32coixQLvPN2PK2hVZAs6053woJi_ uqQYCp7FIO2xWD_ &wd=&eqid=bd17c1870000e0f4000000065bd1b11f.

（一）人力资本与人力资源

人力资本（Human Capital）也称“非物质资本”，是体现在劳动者身上的资本，指存在于人体之中、后天获得的具有经济价值的知识与技能的能力和健康等质量因素之和。[①] 人力资源（Human Resources）指发展经济和社会事业所需要的具有必要劳动能力的人口，并不等同于人力资本，二者具有不同内涵，但又有着密切的联系。资源的数量和质量决定了人力资本的数量和质量，人力资本是由人力资源转化而来的。[②] 要确保经济持续增长，内生的进步是主要因素，其中人力资本和物质资本属于内部性的因素，且两者都被视为经济发展的重要元素。

根据就业调查统计数据显示，2018 年 4 月至 6 月澳门特区总体失业率为 1.8%，[③] 处于偏低水平，反映出社会劳动缺口较大。政府在缓解澳门特区人力资源短缺时可以考虑推动老年人就业，鼓励健康老年人继续投入工作。老年人具备成熟的工作经验也能被视为重要的人力资本，且澳门特区有较健全的预防及医疗保障体系，[④] 人均预期寿命为 83.85 岁（2016）[⑤]。人口预期寿命不断增长，老年人健康水平提高且拥有较丰富和成熟的工作经验及广泛的人脉关系，是宝贵的人力资本。同时，澳门特区政府为鼓励老年人就业提供培训课程，[⑥] 此类课程能被看成人力资本的投资，通过培训、教育等方式提升长者人力资本的价值，缓解人力资源短缺的问题，协助经济的发展。

（二）相关部门工作

澳门特别行政区政府社会工作局于 2012 年已设立澳门养老保障机制跨部

---

① 李玲玉．基于人力资本视角的战略性人力资源管理研究［J］．中国市场，2004（27）：55-56.

② 陈煦江．企业社会责任成本研究的解构与补偿：理论与实证［J］．财会月刊，2010（12）：8-10.

③ 澳门特别行政区统计暨普查局．2018 年 4 月至 6 月就业调查［EB/OL］．［2018-07-27］．澳门特别行政区统计暨普查局网站，https：//www.dsec.gov.mo/Statistic/LabourAndEmployment/EmploymentSurvey/2018%E5%B9%B44%E6%9C%88%E8%87%B36%E6%9C%88%E5%B0%B1%E6%A5%AD%E8%AA%BF%E6%9F%A5.aspx.

④ 澳门特别行政区政府．澳门年鉴——卫生和社会福利［EB/OL］．［2018-09-03］．澳门特别行政区政府网站，https：//www.gov.mo/zh-hans/news/217888/.

⑤ World Bank. World Development Indicator［Z］．2018.

⑥ 澳门特别行政区养老保障机制跨部门研究小组．养老保障机制政策框架及 2016 至 2025 年长者服务十年行动计划（草案）［EB/OL］．澳门特别行政区政府社会工作局，http：//www.ageing.ias.gov.mo/uploads/file/763d938573eca3ba4125140f99725de9.pdf.

门研究小组，积极推行老年人持续教育，支持营运长者书院，开办各种类的培训发展兴趣课小组；① 2013 年举办了老年人导师资助计划，② 2014 年筹备养老保障机制的政策框架并为制定老年人服务十年计划进行咨询，并于 2015 年、2016 年具体优化完善养老保障机制和十年计划，这些行动为老年人就业奠定基础。长者事务委员会于 2008 年认识到澳门特区老龄化问题并提倡“老有所为”理念，后相继开办长者书院，推动老年人持续教育课程，③ 并于 2015 年提及市民关注老年人就业的相关事宜，2018 年提出推动建立非全职工作制度。④

（三）澳门特区施政报告回顾

通过对 2014~2018 年澳门特区施政报告的统计发现，就关键字提及次数来说（见表 1），可以看出澳门特区政府对老年人的问题有持续关注，但对老年人就业的关注度于 2016 年开始提升。早年澳门特区政府对老年人的关注集中于医疗、养老及相关福利服务；⑤ 2015 年提出了老龄化社会的问题，澳门特区政府开始设立提倡“老有所为”的思想及措施；⑥ 2016 年上半年开始实行老年人职业培训课程计划，协助和鼓励有意愿并具备工作能力的老年人继续就业或重投就业市场；⑦ 2017 年关于老年人就业的短句数目可以看出特区政府开始重视老年人再就业的问题，具体措施包括承接 2016 年的培训课程，新增举办表扬老年人雇员及老年人友善雇主的鼓励计划，以提升雇主聘请老

---

① 澳门特别行政区政府社会工作局 .2013 年工作报告——长者服务篇［EB/OL］. http://www.ias.gov.mo/wp-content/themes/ias/tw/download/2013report.pdf.

② 澳门特别行政区政府社会工作局 .2014 年工作报告——长者服务篇［EB/OL］. http://www.ias.gov.mo/wp-content/uploads/file/ias_report_2014.pdf，2018-10-15.

③ 澳门特别行政区养老保障机制跨部门研究小组. 养老保障机制政策框架及 2016 至 2025 年长者服务十年行动计划（草案）［EB/OL］. 澳门特别行政区政府社会工作局，http://www.ageing.ias.gov.mo/uploads/file/763d938573eca3ba4125140f99725de9.pdf.

④ 澳门特别行政区政府劳工局. 修改《劳动关系法》及制定非全职工作制度咨询总结报告公布［EB/OL］.［2018-05-07］. 澳门特别行政区政府劳工局，https://www.dsal.gov.mo/zh_tw/text/news_detail/article/jgvkugs8.html.

⑤ 澳门特别行政区政府. 2015 年财政年度施政报告［EB/OL］.［2015-03-23］. https://www.policyaddress.gov.mo/policy/download/cn2015_policy.pdf.

⑥ 澳门特别行政区政府. 2016 年财政年度施政报告［EB/OL］.［2015-11-17］. https://www.gov.mo/zh-hant/wp-content/uploads/sites/4/2017/09/2016_policy_cn-1.pdf.

⑦ 澳门特别行政区政府. 2017 年财政年度施政报告［EB/OL］.［2016-11-15］. https://www.gov.mo/zh-hant/wp-content/uploads/sites/4/2017/09/2017_policy_cn.pdf.

年人的欲望以及老年人增加再投身社会的意愿;① 2018 年有关老年人就业措施有推出老年人社会企业计划，以协助社会企业为老年人提供再就业机会，并且继续承接 2016 年、2017 年的措施，可见澳门特区政府对老年人再就业的愈加重视以及措施的愈加成熟。从以下相关政府部门的工作及财政年度施政报告的回顾中可以发现澳门特区政府十分关注老年人问题及老年人就业，在特区政府理念的推动下，关键在于如何采用恰当策略推动老年人就业行为。

表 1　2014~2018 年澳门特区施政报告中有关“老年人就业”关键字提及的次数

关键字 \ 财政年度	2014	2015	2016	2017	2018
老年人	32	26	43	36	49
老年人就业	0	0	0	0	2
老年人社会企业	0	0	0	0	1
有关于老年人就业的短句	0	0	7	12	2

资料来源：澳门特别行政区政府：《澳门特区 2014~2018 财政年度施政报告》。

（四）创新产业发展

澳门特区目前的经济结构主要依赖博彩业,② 产业单一化的情况趋于严重，旅游业和酒店业也主要由博彩业所带动，产业单一化可能阻碍经济进一步发展，澳门特区五年发展规划中提倡致力于培育新兴产业。③ 新兴产业的发展也将促进澳门特区融于粤港澳大湾区整体发展，符合国家“十三五”规划。习近平总书记曾提出三个“第一”的说法，发展是第一要务，人才是第一资源，创新是第一动力。④ 人才是创新的思想基础，基于老年人社会经济背景考虑和对同龄人需求了解的同构型，老年人创新产业的发展方向，具体可以考

---

① 澳门特别行政区政府. 2018 年财政年度施政报告［EB/OL］.［2017-11-14］. https：//images. io. gov. mo/cn/lag/lag2018_ cn. pdf.

② 澳门特别行政区政府统计暨普查局．澳门经济适度多元发展统计指标体系分析报告 2016［EB/OL］. https：//www. dsec. gov. mo/getAttachment/4a76d152-e8e5. /P_ SIED_ PUB_ 2016_ Y. aspx.

③ 澳门特别行政区政府．澳门特别行政区五年发展规划（2016—2020 年）［EB/OL］. https：//www. cccmtl. gov. mo/files/projecto_ plan_ cn. pdf.

④ 习近平参加广东代表审议时强调——发展是第一要务　人才是第一资源　创新是第一动力［EB/OL］.［2018-03-08］. 新华每日电讯，http：//www. xinhuanet. com/mrdx/2018-03/08/c_ 137023316. htm.

虑将老年人就业融入银发市场与养老养生产业。对于年纪较大或身体已有残疾的老年人而言，养老服务是迫切需求，未来需求只会进一步扩大；且银发产业是老年产业的重要发展方向，例如日本和中国台湾都在面临人口老化的背景下积极发展银发产业。综合思考老年人人力资源以及银发产业以推动新兴产业的合作，将会成为澳门特区经济增长的新推动点。

三、澳门特区“老年人就业”SWOT分析

此部分主要根据文献回顾的内容来归纳老年人就业的优势（S）、劣势（W）、机遇（O）及威胁（T），其中优势、劣势一般针对内部因素而言，机遇、威胁则侧重分析外部环境。

（一）优势

基于澳门特区偏低的失业率，澳门特区处于人力资源短缺的状态，产生老年人就业的现象。澳门特区政府意识到人口老龄化以及人力资源短缺的问题，对长者再就业也愈加重视，澳门特区政府近年不断地提倡“老有所为”，推进老年人的社会参与，也相应积极地提出了推动老年人再就业的措施，如老年人职业培训课程计划①、老年人雇员及老年人友善雇主的鼓励计划②、老年人社会企业计划等。③

（二）劣势

现时澳门特区社会对老年人仍抱有刻板的观念，拥有老年人需要被照顾、没有工作能力、体弱多病等观念，且澳门特区的保险制度不利于老年人再就业，雇主聘请65岁或以上的老年人，须缴付双重的保险金，④ 这使雇主聘请老年人的意愿降低，现时社会对老年人就业的接纳度不高，老年人就业保障欠缺加上社会刻板观念为雇主带来的负面影响，无疑降低了老年人重投社会的志向以及企业聘请长者的意愿，是推动老年人就业面临的难题。

---

① 澳门街坊会联合总会．推动长者政策建议［EB/OL］．［2017-06-09］．http：//news. ugamm. org. mo/CN/？action-viewnews-itemid-10630.

② 澳门妇女联合总会．长者职业培训计划之陪月员培训课程［EB/OL］．［2018-09-10］．https：//www. macauwomen. org. mo/？p=22505.

③ 澳门特别行政区政府．澳门特别行政区五年发展规划（2016—2020年）［EB/OL］．https：//www. cccmtl. gov. mo/files/projecto_ plan_ cn. pdf.

④ 澳门日报．社局拟推长者社企计划［EB/OL］．［2017-09-22］．http：//www. macaodaily. com/html/2017-09/22/content_ 1209584. htm.

（三）机遇

人口老龄为银发产业带来了很大的商机，老年群体孕育着庞大的消费市场，包括衣食住行、保健、娱乐、服务等各个方面。要推动银发产业的发展和确保老年人有财富的盈余，首先要求政府的退休保障做得好，其次是老年人要有自己的经济能力。推动老年人就业能令长者经济独立，从而促进银发产业。澳门特区、香港特区、中国内地的老年人市场也逐渐扩大，国家也相应地支持老年人就业。而且银发产业也是继环保产业、文创产业后的一个新兴产业，推动银发产业也能符合澳门特区五年规划的目标。

（四）威胁

老年人就业也面临着不少威胁因素，澳门特区五年发展规划中主张要推动新兴产业的发展，综合2018年施政报告，未来重点会推广会展业、文化创意产业和中医药科技产业等，这些产业都被归纳为知识型经济产业，从目前老年人年龄及学历考虑，此类型新兴产业并不利于老年人就业，对低学历老年人就业成为挑战。

四、SWOT战略组合

这部分提出的建议（见图1）主要是参考老年人就业的SWOT因素归纳出相应的优势—机遇（SO）、优势—威胁（ST）、劣势—机遇（WO）、劣势—威胁（WT）战略。

内部因素 / 外部因素	优势（Strength） 1. 解决人力资源短缺问题 2. 澳门特区政府重视	劣势（Weakness） 1. 保险制度 2. 对老年人刻板、消极印象
机遇（Opportunities）	SO策略	WO策略
推动银发产业（养老产业）	以“老年人同理心”①促进养老养生产业	善用老年人人力资源协同发展知识型经济
威胁（Threats）	ST策略	WT策略
知识型经济产业为低学历以及年长老年人带来挑战	通过老年人服务市场化推动大湾区跨境养老事业发展	优化老年人健康数据库强化智能养老产业发展

图1　SWOT分析结果和相关策略建议

资料来源：笔者自制。

① “老年人同理心”是指相比年轻人而言，健康老年人更了解需要被照顾的老年人的生活需求，可以更好地照顾老年人。

（一）ST 战略——以老年人同理心促进养老养生产业

澳门特区人力资源短缺，因此促进老年人再就业，澳门特区政府对老年人再就业事宜也愈加重视，[①] 但是澳门特区多数老年人的学历偏低，从特区政府主张推动及发展知识型经济产业的层面上来看，为低学历老年人带来了挑战，因此，澳门特区政府可以向低学历老年人群众大力实行“老有所为，老有所学”的政策，以鼓励低学历老年人群众协助澳门特区知识型经济产业以外的相关经济产业发展。

根据澳门特区人口老龄化的速度及进入老龄化社会的现象，配合现时日益完善的医疗和社会保障福利，[②] 老年人的平均寿命持续有上升的迹象，澳门政府提倡老有所为，开设了长者书院，举办各种形式包含各类范畴的老年人持续进修培训课程，落实老年人服务十年行动计划，[③] 涉及老年人就业的相关政策也相继落实。低学历老年人经过课程培训必定能获取相应的技能或知识，也能提升自身就业机会。一些服务产业的兴起，如澳门特区各种大型清洁项目落成，人力资源需求十分大，年轻人从业意愿较低，健康老年人可通过政府提供相应的课程或培训，加入这些行业，在发展自身的同时助力经济发展。

（二）WO 战略——善用老年人人力资源协同发展知识型经济

伴随着老年人人数的上升，老年人服务以及各类养老产品的需求增加，就此澳门特区政府近年也致力于推广银发产业，现时银发产业在澳门特区也被纳入新兴产业，并未有足够人力资源的输入，基于澳门特区社会至今仍保留对老年人的刻板观念以及老年人员工受保险制度的影响，老年人就业并未能十分顺利地进行。

事实上老年人也属于人力资源，澳门特区政府提供的培训课程将活化老年人人力资源；就养老产业而言，基于同理心，可以鼓励健康老年人投身养老产业，除衣、食、住、行，日常生活协助外，长期照顾服务也是养老产业

---

① 澳门特别行政区政府统计暨普查局. 人口老化的趋势与挑战［R］. 2014.

② 澳门特别行政区政府社会工作局. 澳门养老状况及政策研究报告［EB/OL］. http：//www. ageing. ias. gov. mo/uploads/file/a8387e568125adacb3c4d280d5354985. pdf.

③ 澳门特别行政区政府. 澳门特别行政区五年发展规划（2016—2020 年）［EB/OL］. https：//www. cccmtl. gov. mo/files/projecto_plan_cn. pdf.

的重要一环。澳门特区现时未能自理的老年人占年龄在 60 岁及以上的老年人的 4. 7%。[①] 澳门特区政府可以考虑政策配合私营部门的管理方法以及竞争机制，在原来社区保姆的基础上进行部分改革和优化，将原来的照顾对象——小朋友变为老年人，从而增加老年人互动，并尽快完成和完善照顾者津贴的相关措施，有助于把老年人再就业和养老产业紧密地融合起来。

（三）SO 战略——通过老年人服务市场化推动大湾区跨境养老事业发展

澳门特区人口老龄化问题日趋严重，老年人服务的需求提升，澳门特区政府近年也非常重视老年人问题，包括老年人再就业和养老产业的问题。政府可以考虑将澳门特区本地老年人服务变得市场化，为老年人服务建立一个市场型管理体制，通过市场化，其资源和当中配置定能被优化，也能令老年人服务更透明化。从老年人的层面上看，老年人能有更多种类的老年人服务作为选项，而且能在选项中互相比较，最后此举也必定能提高养老产业的经济效率。

澳门特区在开拓特区发展新局面的政策中提及实施深化区域合作战略，以融入国家发展。养老产业不只在澳门特区才有推动的需要，国家人口老龄化的问题也是值得被重视的问题，预计于 2025 年，60 岁以上人口将达到 3 亿，[②] 结合粤港澳大湾区跨境养老产业，切合澳门特区五年规划以及“十三五”规划的发展，养老服务可以被视为新兴产业，能够帮助国家解决老年人问题。

（四）WT 战略——优化老年人健康数据库，强化智能养老产业发展

要推动老年人再就业政策，首要条件是确保长者的健康因素是否适合再投身社会，澳门特区对老年人就业的保险制度问题归根结底也是因为老年人的身体状况会较为不稳定，工作上的表现可能会被身体状况而影响，澳门特区政府现时大力推行知识型产业，包括各类型的智慧产业发展，并不利于普遍老年人。先摆脱普遍长者教育水平偏低的刻板概念，老年人中也有不少人拥有丰富知识，根据澳门特别行政区统计暨普查局发布的人口老龄化的趋势

① 澳门特别行政区政府统计暨普查局. 2016 中期人口统计详细结果［R］. 2016.

② 2017 年中国人口结构、人口老龄化现状、人口老龄化趋势、老龄化趋势背后原因及老龄化带来的问题分析预测［EB/OL］.［2017-05-03］. http://www.chyxx.com/industry/201705/519015.html.

与挑战，老年人的职业有着两极化的现象，其中有11.6%的就业老年人为专业人士，如医生和大学讲师，也有11.1%[①]的老年人任职管理层，由此可见有一部分老年人具备较高教育水平。部分老年人拥有丰富的知识，澳门特区政府可以基于人才数据库，优化老年人健康数据库，如推行智能医疗、电子病历等措施，减少对老年人就业时健康问题的阻挠。另外，可以通过人才数据库鼓励拥有高教育水平的老年人投身知识型经济的发展。老年人也是人力资本的一部分，澳门特区政府应扭转社会刻板印象，提倡珍惜并善用老年人智慧。综合以上建议不仅能推动老年人再就业以及发展创新型智慧产业，也能推广大数据发展，推动澳门特区智能城市建设和发展。

① 详见澳门特别行政区政府统计暨普查局于2014年8月发布的《人口老化的趋势与挑战》。

“时间银行”在粤港澳大湾区社会服务中的本土化初探

郭佩文　李丽君*

摘　要：日益加重的养老负担是粤港澳大湾区在人口老龄化问题上所面临的共同挑战，而“时间银行”（Time Bank）是近年世界各地应对日趋严重的人口老龄化问题提出的一种新型养老方式。“时间银行”当前在国内已依托物联网技术整合社会资源，成为一种网格化、管理碎片化服务的养老模式，以解决国内“未富先老”所带来的养老负担加重及养老资源供给不足的问题。“时间银行”的本土化机制对推动粤港澳大湾区社会服务的发展有何启发？经文献梳理可知，目前“时间银行”的本土化还处于起步和探索阶段，要真正推广应用还需经过进一步的试验与研究，因此本文在梳理“时间银行”的概念及初步借鉴广州“南沙时间银行”经验的基础上，运用SWOT分析框架检视“时间银行”在粤港澳大湾区社会服务中推广的可行性，为推动粤港澳大湾区社会服务的发展提供可借鉴的参考。

关键词：“时间银行”；本土化；“南沙时间银行”；粤港澳大湾区

一、前言

时间银行的本土化是在我国老龄化日益严重背景下的新尝试。截至2017年底，中国大陆60周岁及以上老年人口达24090万人，占总人口的17.3%，

---

* 郭佩文，中山大学新华学院管理学院讲师、澳门大学政府与行政学系博士生；李丽君，澳门大学政府与行政学系本科生。

其中65周岁及以上老年人口达15831万人，占总人口的11.4%。① 国务院在“十三五”国家老龄事业发展和养老体系建设规划指出：预计到2020年，全国60岁以上老年人口将增加到2.55亿人，占总人口比重将提升17.8%。② 目前国内养老服务供给主要来自居家养老与社区养老，根据《中国家庭发展报告（2015）》，我国家庭规模在迅速缩小，超过60%的家庭人口数仅为2~3人，加上独生子女政策导致的“421”家庭结构，使家庭养老功能急剧弱化。③ 当前家庭人口结构的小型化趋势弱化了居家养老服务供给功能。与此同时，《2017年中国养老服务人才培养情况报告》显示，目前全国失能、半失能老年人约有4063万，如果按照国际标准的失能老年人与护理人员3∶1的配置标准计算，我国目前至少需要1300万名护理员，而目前我国各类养老服务人员不足50万人，具有专业资格认证的不足2万人，专业养老服务人员短缺。④ 养老机构资源不足与专业养老服务员人员短缺也进一步加重老年人养老成本与负担。日益增长的养老服务需求与供给不足之间的矛盾，以及在现代养老服务开始向家庭外部延伸的情况下，需要寻求适合中国社会的养老方式。

近年来，社会服务是粤港澳区域合作治理的热点。粤港澳均面临人口老龄化趋势，三地老龄人口比例不断上升，养老问题关系到社会的公平与稳定，也直接影响国民经济的可持续发展，粤港澳老龄化问题日益成为人们关注的焦点。在这一背景下，既能满足老年人居家养老意愿又能提供社会化养老服务的互助养老模式“时间银行”引起了越来越多的关注。然而，由于“时间银行”的本土化目前还处于起步和探索阶段，在发展过程中遇到不少挫折及存在诸多问题，导致了许多“时间银行”昙花一现，难以持续发展。例如，

---

① 中华人民共和国民政部．中华人民共和国2017年社会服务发展统计公报［R/OL］．http：//www.mca.gov.cn/article/sj/tjgb/201808/20180800010446.shtml.2018-08-02/2019-01-18.

② 国务院．国务院关于印发“十三五”国家老龄事业发展和养老体系建设规划的通知［EB/OL］．http：//www.gov.cn/zhengce/content/2017-03/06/content_5173930.htm. 2017-02-28/2019-01-22.

③ 新浪网．中国家庭日益小型化，养老功能弱化［N/OL］．http：//finance.sina.com.cn/roll/2016-10-31/doc-ifxxfuff7325401.shtml.2016-10-31/2019-03-22.

④ 中国经济网．报告显示：全国养老服务人才需求缺口巨大［R/OL］．http：//www.ce.cn/xwzx/gnsz/gdxw/201707/20/t20170720_24338342.shtml.2017-07-20/2019-03-23.

当初备受关注的上海试点“时间银行”因居民搬迁、居委会人员更迭、缺乏后续参与者等各种原因，无法支取当初所登记储蓄的服务，在建立十多年之后难以为继，未能推广。①“时间银行”要真正推广应用还需经过进一步地试验与研究，因此本文选取在梳理“时间银行”的概念及初步借鉴广州“南沙时间银行”经验基础上，运用SWOT分析框架检视“时间银行”在粤港澳大湾区社会服务中推广的可行性，为推动粤港澳大湾区社会服务的发展提供可借鉴的参考。

二、“时间银行”的概念回顾研究

“时间银行”也称“时间储蓄”（Time Saving），其雏形一般认为最早源于日本的旭子水岛（Teruko Mizushima）于1973年组织成立的自愿义工网络，该组织的成员主要由家庭妇女构成，成立时主要组织年轻人为需要帮助的老年人提供志愿服务，以解决当时日本受石油危机影响的政府社会保障资源不足的问题，而后期旭子水岛发现老年群体之间的互助更为有效。②后来，面对美国所出现的社会底层在获取基本物质生活及服务所面临的不平等、社区犯罪现象多发、儿童在贫困中成长等问题，而公共项目难以有效解决这些问题，美国学者埃德加·卡恩（Edgar S. Cahn）指出，解决这些问题的关键并不在于发展生产力，因为社区本身具有足够的资源，关键在于找到一个公平运行的分配系统，人们可以通过这一系统寻找到自己所需的服务，并于1999年提出“时间货币”（Time Dollar）的概念，认为人们通过使用“时间货币”（用自己的一小时兑换别人的一小时）获得他人服务以帮助自己或家人，也可捐献给有需要的个人或者组织。随后逐渐演变成为“时间银行”，本质是通过储存时间（而非货币）的方式实现具有交换性和有偿性的志愿服务，并把“时

① 周海旺，沈妍．老龄化时代城市养老的时间储蓄与公益志愿——以上海为例［J］．上海城市管理，2013（1）：71-77.

② Gill Seyfang. Working Outside the Box：Community Currencies，Time Banks and Social Inclusion，［J］. Journal of Social Policy，2004（33）：49 -71.

间银行”分为三个阶段。① 第一阶段为邻里之间彼此的照护或帮助；第二阶段为非政府组织的介入为社区老年人提供照护服务；第三阶段为社会企业参与，对花时间为社区老年人进行服务的志愿者提供有偿支持。② 也有学者从广义和狭义界定了“时间银行”具体内涵：从广义上，“时间银行”泛指积极参与志愿服务，通过存储服务时间来满足年老时的养老服务需求；从狭义上，“时间银行”是指低龄老年人在力所能及的范围内，为高龄老年人或失去自理能力的老年人提供服务，为自己成为高龄老年人时换取别人的服务做好准备（Ozanne，2018）。③ 穆光宗（1999）对我国“时间银行”模式进行研究，认为“时间银行”实质是人们在“自我养老”模式上的一种新型代际互助制度创新，是解决我国养老问题的有效尝试。④ 王润奇（2019）从社会学的角度认为“时间银行”属于协作消费的一种形式，是一种以时间作为货币，多以社区作为开设范围，需要中介组织者来安排时间交易的一种协作经济性质的社区组织。⑤

在实践中，世界上第一家“时间银行”于1990年在美国成立，“时间银行”目前已遍布全球30多个国家。⑥ 在美国、英国、瑞士、日本等国家得到了广泛的实践与应用，被视为实现互助养老的有效模式及人口老龄化背景下缓解社会养老压力的新思路，并不断发展延伸至其他方面。从起源及其在国外实践发展历程看，“时间银行”是互助养老模式的雏形，最初是一种通过社会互助的方式，并以时间交换作为互助保障的解决社会福利保障资源供给不足的途径。

---

① Lucie Ozanne. Innovative Community Exchange Systems：Grassroots Social Experiments in Sustainability［J/OL］. http：/ / www. acrwebsite. org / volumes /1009432 / volumes / v39 / NA—39. 2019-04-10.

② L. Cregory. Resilience or Resistance? Time Banking in the Age of Austerity［J］. Foresight, 2014 (22)：171- 183.

③ Lucie Ozanne. Innovative Community Exchange Systems：Grassroots Social Experiments in Sustainability［J/OL］. http：/ / www. acrwebsite. org / volumes /1009432 / volumes / v39 / NA—39. 2019-04-10.

④ 穆光宗. 建立代际互助体系走出传统养老困境［J］. 市场与人口分析，1999（6）：33-35.

⑤ 王润奇 . 时间银行：社区协作经济的发展路径探讨［J］. 青年探索，2019（2）：27-36.

⑥ 李明，曹海军 . 老龄化背景下国外时间银行的发展及其对我国互助养老的启示［J］. 国外社会科学，2019（1）：12-19.

三、广州“南沙时间银行”的发展经验

“南沙时间银行”是在广州市南沙区政府支持下，由区民政局牵头实施的一项社区互助公益项目，将“时间银行”的概念与信息技术手段相结合，在全国率先打造了以时间储存交换为核心第三方时间存管平台，即“南沙时间银行”。虽然，“时间银行”概念并非首创，但“南沙时间银行”的运营管理经验及服务模式则是全国的领先实践。“南沙时间银行”自2013年10月立项，其应用程序APP于2014年4月正式上线运行，运行以来受到社会各界的肯定，成为全国“互联网+社区服务”的经验蓝本，2018年“南沙时间银行”先后被中共广东省委宣传部、广东省文明办、广东省委网信办评为“广东十佳网络公益项目”，其“互联网+社区服务”模式入选《中国城市社区治理报告（2018）》蓝皮书，并申报为全国基层社会治理创新经验。通过初步探讨，其发展经验可归纳如下：

（一）以需求为导向的服务理念与模式

以需求为导向的服务理念与模式有助于提升“时间银行”整合社会服务供给资源效率。社区居民的服务需求日益多元化、个性化、复杂化，传统的社区服务供给存在覆盖有限、针对性不足、精准性不高，社会参与度低，居民参与缺乏持续动力等问题，社会服务供需之间的缺口日益显现。“南沙时间银行”以“多方共举、服务共通、利益共享、社群共融”为服务理念，立足于社区居民分布、需求情况，通过“南沙时间银行”综合服务系统（包含网络版和APP版）发布服务供需信息，同时植入日常应用的软件（如淘宝、支付宝等），覆盖社区养老、社区助残、社区便民、教育文化、公共服务五大社区综合服务种类，应用受众广泛，便于传播与推广，为“时间银行”提供了可持续的多元服务供给主体，实现服务供需的精准匹配，有效地整合了南沙区的服务供给资源。

（二）较成熟的管理与运作制度

完善的管理制度和运作机制有助于规范“时间银行”的持续发展。缺乏规范的组织管理是以往国内很多“时间银行”停办的主要原因。目前“南沙时间银行”已形成了独立的章程、管理体系和责任制度，采用在线线下相结

合的方式运行，在线为“南沙时间银行”综合服务系统，包括网络版和APP版，系统覆盖南沙时间银行的所有功能，会员可自助完成会员注册及管理、需求发布与承接、礼品兑换等操作；线下采用政府监管、运营管理中心负责项目的日常运营、社区服务站为特殊人群提供使用“南沙时间银行”系统的服务支撑，在线线下共同组织协调社区居民、志愿者、店铺商家、社会团体、企事业单位、政府部门等社会各界力量开展基于“南沙时间银行”模式的社区服务。

（三）时间货币使用管道多元化

时间货币使用管道的多元化是解决“时间银行”货币结算问题的关键。“南沙时间银行”以先进技术手段，通过建立动态时间交易和管理系统，将服务转化为时间币进行电子储存，实现跨区域通存通兑，在一定程度上解决了劳动时间因人口流动及延期支付所带来的社会信用问题。另外，“南沙时间银行”的时间价值以当地最近三年的最低工资与平均工资作为基准，进而兑换为时间币，会员通过服务所挣取的时间币，既可以用于发布服务需求换取其他会员为自己的服务，也可以通过“时间银行”商城或第三方平台（如淘宝）兑换自己需要的商品，有效地激发了个体参与公益活动的积极性，实现良性的参与互动。

（四）便捷和公开透明的平台信息管理

便捷和公开透明的平台信息管理便于多元主体广泛参与“时间银行”及实现良性互动。“南沙时间银行”APP可在安卓系统下载，任何地区的政府、企事业单位、机关团体、个人在按照系统要求以真实资料注册成为会员后，都可以免费使用，使用极其简便，利于传播与推广。在APP上，需求发布方可根据承接会员的专业等级、信誉记录等信息选择最终的服务承接者，服务完成后双方评价，评价信息记入双方信誉记录，服务所涉及的时间币根据评价结果自动转账。这种透明与回应，对于参与“时间银行”的多元主体而言，是信任感与理解度的攀升，有助于多元主体实现良性互动和循环。面向全区各类人群（包括政府在内，任何个人、单位均可注册成为会员），通过在线线下互联的方式，进行服务需求发布、承接或公益合作，推动社会各界参与社区服务，将政府、市场、社会、公众资源充分与社区需求对接，使社区服务主体更多元、服务形式更灵活、服务内容更丰富、服务效果更精准。

四、“时间银行”对粤港澳大湾区社会服务的启示

“时间银行”的本土化对粤港澳大湾区的社会服务事业的发展带来一定的启示。为此，本文尝试结合大湾区的整体环境现况和“南沙时间银行”的发展经验，从优势、劣势、机会和威胁四方面（即 SWOT 分析）来探讨“时间银行”在粤港澳大湾区本土化的可行性。

（一）优势

“时间银行”通过有效整合碎片化的资源提升社会服务效率。通过“时间银行”的机制，可以整合社会各界的碎片化时间资源，尤其是当前低龄长者和年轻人。随着生活水平的提高，人均寿命也在不断延长。根据 2010 年全国第六次人口普查的数据显示，我国老年人口的健康状况较好，身体基本健康的老年人在 80%以上，而生活不能自理需要依靠他人照顾的老年人仅占 10%左右。[①] 这意味着在 70 岁以下的低龄老年人中，有九成左右的低龄老年人的健康状况不仅能够实现生活自理，而且有能力为社会做一些力所能及的事情，充分表明我国健康老年化趋势下的低龄老年人力资源丰富。值得一提的是，近年来，“时间银行”的发展得到了更多年轻人特别是高校年轻群体的加入，为“时间银行”的发展注入了新鲜血液。年轻人不仅在体力上更具有优势，而且能进一步推动“时间银行”的信息应用、宣传推广、实践创新和可持续发展。因此，通过“时间银行”的资源整合平台机制，善用参与者的能力、喜好和需求，进行服务的精准配对，整合志愿服务资源，有助于提升整体服务营运和行政效率。

（二）劣势

“时间银行”的模式众多，但缺乏系统的组织管理。“时间银行”作为互助养老的形式及外来的社会服务模式引入中国后，仅在部分城市的个别区域运营，并未在全国范围内推广；尽管近几年在各地“遍地开花”，但由于自下

---

① 国务院人口普查办公室 国家统计局人口和就业统计司．中国 2010 年人口普查数据［EB/OL］．http：//www. stats. gov. cn/tjsj/pcsj/rkpc/6rp/indexch. htm. 2010-01-01/2019-03-25.

而上推动的模式缺乏统一的政策支持、法律规范和系统的组织管理，在一定程度上影响公众对“时间银行”的信心，不利于推广。另外，服务时间的价值衡量和换算问题，如果得不到妥善处理，便容易出现技术要求高的会员倾向于退出“时间银行”的情况，高质量的志愿服务行为逐渐淡出，从而导致“劣币驱逐良币”的后果。

（三）机会

信息技术的发展与粤港澳大湾区的发展规划为“时间银行”的本土化发展提供契机。国家三部委颁布的《智慧健康养老产业发展行动计划（2017—2020）》提出，智慧健康养老利用物联网、云计算、大数据、智能硬件等新一代信息技术产品，能够实现个人、家庭、社区、机构与健康养老资源的有效对接和优化配置，推动健康养老服务智慧化升级，提升健康养老服务质量效率水平①。由于信息技术具有存储的稳定性和共享的及时性，通过利用物联网、云计算和大数据能有效实现资源的精准对接和优化配置，也十分适合“时间银行”的多元主体的召集、需求的发布和记录登记的储存，从而使“时间银行”的运转打破时空限制更为便捷化，实现时间跨区域通存通兑，在一定程度上解决了劳动时间因人口流动及延期支付所带来的社会信用问题。近年来，我国“时间银行”较好地利用了信息技术发展的有利优势，借助网站、APP 等平台优势，推动了“时间银行”的信息化建设。另外，2019 年 2 月，中央政府正式提出《粤港澳大湾区发展规划纲要》。粤港澳大湾区的发展可以为实现社会服务资源的跨区域整合提供契机，更广泛地整合粤港澳大湾区的多元化服务资源，实现优势互补，为“时间银行”的本土化提供更持续发展空间，从而推动粤港澳大湾区的社会服务发展。

（四）威胁

当前“时间银行”的竞争环境威胁着“时间银行”进一步本土化推广所需的信息整合及社会信用基础。“时间银行”在我国发展的历史已经接近 20 年，现今在诸多省份都已经形成一定数量和规模，不同省份、不同地区乃至不同社区之间的操作模式都有所不同，甚至形成了一定程度的恶性竞争环境。

---

① 工业和信息化部　民政部　国家卫生计生委. 关于印发智慧健康养老产业发展行动计划（2017—2020 年）的通知［R］. 2017.

不同操作模式的“时间银行”不利于“时间银行”数据平台信息的整合，难以形成科学决策；“时间银行”可通过信息化平台的应用整合资源，而这种信息平台的资源整合是以大数据的应用提供决策信息的支持为前提的，这就要求政府部门、社会组织、市场企业及公民向社会开放与共享更多数据，而当前不同模式的“时间银行”的“各自为政”在一定程度上阻碍了信息平台的整合。实际上也导致了公益公信力的透支，从根本上动摇了“时间银行”本土化所需的社会信任基础。